ÉTÉ 2018

J'APPRENDS À BIEN VIVRE AVEC MES ÉMOTIONS

Isabelle FILLIOZAT

J'APPRENDS À BIEN VIVRE AVEC MES ÉMOTIONS

Avec la collaboration d'Eve Milk
Illustrations de Loïc Sécheresse

MARABOUT

Avant-propos

SAVOIR QUI L'ON EST VRAIMENT

« Connais-toi toi-même », disait un certain philosophe d'une lointaine époque. Quelle jolie perspective, quelle bonne idée ! Se connaître, se comprendre, se raconter, pour ainsi pouvoir s'épanouir : voilà une rudement belle promesse qui sonne agréablement à votre oreille. Car il y en a, des choses, au fond de vous, que vous peinez à cerner. À accepter, même. Toutes ces émotions qui vous envahissent quotidiennement, vous ne savez trop qu'en faire. Alors, peut-être les taisez-vous et offrez-vous au monde extérieur un visage placide, presque indifférent, qui pourtant derrière le masque pleure, crie, rit. Ou peut-être, au contraire, êtes-vous de ceux qui s'énervent « pour un rien », sanglotent pour pas beaucoup plus et s'esclaffent à gorge un peu trop déployée.

Quelle que soit l'attitude que vous avez choisi d'adopter depuis de bien nombreuses années, la problématique pour vous est la même : il vous est presque impossible d'appréhender et d'exprimer ces émotions vraies qui pourtant quelque part vous habitent. Et finalement, vous vous cachez de vous-même et des autres. Et vous sentez que cela vous importune, vous handicape, vous paralyse, et ne vous aide pas vraiment dans vos relations.

Comment ça marche vraiment, au fond de moi ? D'où viennent ces réactions que je ne maîtrise pas toujours ? Pourquoi ces sensations qui souvent me dépassent ? Que faire de tous ces sentiments qui se bousculent dans mon cœur, dans mon corps, dans ma vie ? C'est parce que vous vous posez ces innombrables questions sur vous-même que vous vous êtes lancé dans l'aventure de ce cahier. C'est déjà tout à votre honneur, car vous avez donc compris que vous seul avez le pouvoir de révéler la personne que vous êtes vraiment. Qu'il ne vous manque que quelques clés pour y parvenir.

LAISSER PARLER SES ÉMOTIONS POUR ENTENDRE CELLES DES AUTRES

Vous allez donc apprendre ici à maîtriser une forme d'intelligence qui est sans doute l'une des plus importantes pour l'âme humaine et les rapports sociaux, et qui s'avère pourtant la moins connue : l'intelligence du cœur. Expression bien poétique pour désigner une capacité fondamentale : celle de savoir entendre, gérer, mais aussi – surtout – laisser parler ses émotions. Oui, oui, vous avez compris, ceci est bien une intelligence, trop souvent niée dans nos sociétés au cartésianisme bien-pensant, qui fait de la raison l'unique fondement du discernement… Et qui enseigne que cette même raison est un barrage salutaire contre les émotions, folles, dangereuses, et pourquoi pas diaboliques. « Car, voyons, chères brebis égarées, c'est la tête qui doit primer, et non le cœur ! Taisez l'affect, le trouble, le sentiment, l'agitation intérieure – la vie, quoi ! – et coulez-vous dans le joli moule de l'ordre et du contrôle de soi. Vous n'en serez peut-être pas heureux, mais nous, nous aurons la paix. » Voilà, en substance, ce que la morale ambiante a longtemps enseigné… à tort. Car, non seulement la libre expression des émotions (mais seulement des vraies… nous en reparlerons) peut conduire à l'épanouissement personnel, mais elle nous permet de mener notre vie avec davantage de raison et se montre justement, garante d'une certaine harmonie relationnelle.

En apprenant à reconnaître, accepter, écouter, exprimer vos émotions vraies, et à sortir des manifestations émotionnelles parasites, vous pourrez :

• retrouver votre puissance personnelle, acquérir une plus grande autonomie et vous sentir davantage au volant de votre vie ;

• permettre à vos proches de mieux vous connaître, et à vous de leur faire davantage confiance et grandir en intimité ;

• mieux écouter les autres, mieux décoder leurs messages, mieux réagir à leurs émotions.

Ce livre aux airs de cahier entend donc vous offrir les clés de la compréhension de soi et vous aider à en appliquer les principes dans votre quotidien, à partir de travaux pratiques, toujours ludiques.

Chaque chapitre vous soumet à des exercices variés. Des TP grâce auxquels vous pourrez faire le point sur votre situation, apprendre pléthore de trucs et astuces pour agir efficacement.

Vous ne pourrez pas, bien sûr, tout déchiffrer, tout savoir de vos éventuels refoulements, névroses, traumatismes que seul un psychothérapeute peut vous aider à appréhender. Mais vous pourrez déjà gravir quelques marches pour acquérir plus de confiance en vous-même, vous affirmer, écouter et comprendre les réactions des autres, répondre à l'agressivité, faire face au stress, aux frustrations… bref, maîtriser un peu de cette « grammaire » des émotions qui peut s'avérer utile en bien des circonstances.

COMMENT UTILISER LE CAHIER

Chacun des chapitres peut être envisagé comme une séance de travail ; suivez-en fidèlement l'ordre afin d'en tirer le maximum de bénéfices. Voici quelques infos pour utiliser au mieux votre cahier :

• De nombreux exercices vous proposent de noter vos réponses, voire de dessiner, directement sur les pages. N'hésitez pas, donnez-vous en à cœur joie ! C'est encore pour vous le meilleur moyen de garder trace de votre travail et de son évolution.

• Pour tout exercice demandant une réponse théorique – que vous pouvez trouver à votre guise seul, mais aussi dans un dictionnaire, un livre, sur Internet... – le cahier vous permet de corriger vous-même et de confronter vos propres réponses à celles fournies juste en dessous. Pensez à les consulter systématiquement, après chaque exercice, afin de vous assurer que vous avez bien compris les notions : tout le contenu de ce livre peut vous être utile...

• Enfin, à l'issue de chaque séance, une page de bilan vous propose de faire le point sur ce que vous avez retenu du chapitre concerné : de courtes questions correspondant, dans l'ordre, aux exercices que vous venez d'achever – à raison d'une par exercice – qui reviennent sur les sujets évoqués. Soyez donc toujours bien attentif à ce que vous faites et apprenez pendant chaque session !

Il vous revient de déterminer à quelle fréquence et combien de temps vous vous attaquerez à chaque séance, mais gardez toujours à l'esprit la nécessité d'un travail régulier et concentré sur une certaine période. À présent, à vous de jouer !

séance 1

POUR RÉCONCILIER SA TÊTE ET SON CŒUR

Petit bilan de début de session avant de se lancer à pieds joints dans l'art et la manière de mieux gérer vos émotions… Deux séances y seront consacrées, qui ont pour but de vous permettre de saisir les notions utiles à maîtriser, et de faire le point sur votre situation de départ. Répondez franchement, cher ami lecteur ! Jouez pleinement le jeu, et ne cherchez pas à avoir la bonne réponse : il n'y a pas de bonne ou de mauvaise réponse, et il ne s'agit ni de sanctionner vos connaissances, ni de juger vos compétences, mais bien de vous donner de premiers éléments bien utiles et de vous permettre de vous repérer dans la jungle des concepts autant que dans les méandres de vos émotions.

Commençons par notre premier chapitre : une session de 10 exercices, qui vous permettront d'affiner vos pensées, et de mettre des mots sur votre vécu. Que savez-vous des émotions, de leurs manifestations, de leurs significations, de leur logique ? Comment vous situez-vous par rapport à celles-ci, comment les appréhendez-vous, comment les laissez-vous (ou pas) se manifester, s'exprimer, pour vous-même et pour autrui ? Que savez-vous donc de cette fameuse intelligence que nous vous proposons de découvrir ?

Voici ce que vous tenterez de cerner à travers les exercices qui vous sont proposés : du général au particulier, ces premiers travaux ont pour objectif de vous amener à cerner la notion d'intelligence du cœur et de la replacer dans votre contexte personnel, dans votre propre existence, dans votre propre expérience. Il ne s'agit pas là d'être exhaustif ni de vous donner d'ores et déjà toutes les clés – nul besoin d'être impatient, nous avons plusieurs chapitres pour y parvenir ! – mais bien de vous conduire, par cette première étape, à comprendre en quoi l'on peut réconcilier sa tête et son cœur. De commencer à réveiller en vous quelques frémissements endormis, de rallumer quelques lumières et de balayer certaines fausses idées.

Entamez donc votre cahier. Lorsque vous l'aurez achevé, vous ne serez ni tout à fait un autre, ni tout à fait le même. Vous serez vous-même…

· ·

EXERCICE 1
D'UN QUOTIENT À L'AUTRE

Vous l'aurez donc compris, c'est d'une certaine intelligence que l'on vous parle ici... Mais savez-vous seulement ce que ce terme recouvre ? Fastoche, nous direz-vous ! Ce mot, vous l'entendez à longueur de temps, depuis que vous vous êtes installé sur les bancs de l'école ou que vous avez palabré sur les capacités intellectuelles de chacun ! Mais êtes-vous vraiment certain de tout savoir sur le sujet ?

1 Pour vous, qu'est-ce que l'intelligence/être intelligent ?
Et quand on dit « pour vous », cela signifie qu'il est interdit de chercher la réponse ailleurs qu'en soi.

Comprendre ses émotions, s'intéresser aux autres, être empathique, avoir une culture / des connaissances, une part de rationnalité

2 Dans la liste ci-jointe, quelles sont les notions traditionnellement associées à l'intelligence ? Entourez les bonnes réponses :

(#) Raison   (#) Discernement

Intuition   # Sensation

(#) Logique   (#) Esprit

Émotion   # Empathie

(#) Réflexion

3 Comment s'appelle la célèbre mesure de l'intelligence d'un individu, pour laquelle de nombreux tests existent ? *Quotient intell.*

4 En quoi les acceptions de l'intelligence évoquées dans les questions 2 et 3 sont-elles réductrices ?
Intelligence Rationnelle/cartésienne seulement

Réponses p. 120

Donnons ici la parole à Daniel Goleman, célèbre psychologue américain, qui considère que le règne du QI doit céder la place à celui du QE (quotient émotionnel) : « L'ancien paradigme tenait à l'idéal de la raison libérée de la pression de l'émotion. Le nouveau paradigme nous invite à harmoniser la tête et le cœur. Nous devons comprendre plus précisément ce que signifie : utiliser son émotion intelligemment. »

EXERCICE 2

LE CŒUR ET SES RAISONS

À présent, vérifions si vous avez saisi un concept fondamental de votre cahier : l'intelligence du cœur, qu'est-ce que c'est, et comment ça marche exactement ? Pour répondre à la question, complétez le schéma par les termes proposés ci-dessous afin de dire quelles compétences correspondent à quelle intelligence :

1 Savoir exprimer les émotions.

2 Savoir identifier, nommer, comprendre les émotions.

3 Faire preuve de confiance en soi, créativité et autonomie ; savoir stimuler la coopération.

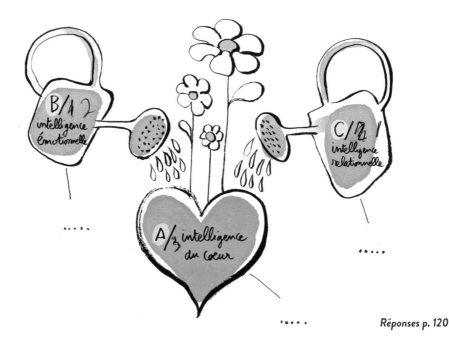

Réponses p. 120

EXERCICE 3

ÉTAT AFFECTIF INTENSE

Et maintenant, les émotions ! Ce terme, vous l'employez souvent, mais en comprenez-vous bien le sens et les mécanismes ?

1 Quelle est l'étymologie du terme « émotion » ?

aucune idée

2 Que pouvez-vous en déduire de ce qu'est et provoque une émotion ?

3 Observez les dessins ci-contre ; saurez-vous lequel correspond à... (écrivez la réponse à côté du dessin) :

1 Une émotion. B

2 Une humeur. A

3 Un trouble affectif. C

Réponses p. 120

a.

b.

c.

 L'émotion peut être suscitée par un souvenir, une pensée ou un événement extérieur. Elle nous informe sur le monde qui nous entoure. Elle nous guide en nous rappelant ce que nous aimons et ce que nous détestons. Elle nous confère donc la conscience de notre personne, de notre sentiment d'identité. La vie émotionnelle est par ailleurs liée à la vie relationnelle. Le partage des émotions nous permet de nous sentir proches les uns les autres.

EXERCICE 4
FACE TO FACE

S'intéresser aux émotions, cela concerne les vôtres, mais aussi celles d'autrui. À ce propos, savez-vous reconnaître les émotions sur le visage de quelqu'un ? Regardez les 8 illustrations suivantes :

1 À quelle émotion chacune vous fait penser ? Non, il n'y a pas d'indice ! Observez attentivement et notez l'émotion en question sous le dessin correspondant.

a. Peur

b. Tristesse

c. Surprise Anxiété

d. Dégoût Frustration

e. Colère

f. Joie

g. Honte Gêne

h. Amour

5/8

Réponses p. 120

2 D'une manière générale, comment réagissez-vous lorsque quelqu'un manifeste une émotion en votre présence ?

J'écoute
J'essaie de comprendre
J'empathis
Je partage

• •

 Cet exercice de reconnaissance est fondé sur l'expérience de Paul Ekman auprès des Papous de Nouvelle-Guinée en 1967, à l'aide de photos. Il révèle l'université des émotions : en contact avec leurs affects, les hommes peuvent échanger sans barrières. Dans le domaine émotionnel, nous sommes semblables. Les messages du corps mentent rarement. Il suffit d'y être attentif. Et d'y répondre simplement par l'écoute et l'empathie.

• •

EXERCICE 5

LE POURQUOI DU COMMENT

S'il y a des émotions, c'est qu'il y a des déclencheurs. Les émotions sont en premier lieu des réactions émotionnelles à un facteur extérieur. Sauriez-vous donc déterminer ces fameux déclencheurs ?

Prenons quatre émotions de base ; quel type d'événement pourrait expliquer chacune d'elles ?

LA SURPRISE

Sans attente, évènement, situation
qui apparaît comme ca

LE DÉGOÛT

Confronte nos valeurs,

LA COLÈRE

Confronte nos valeurs, impolitesse,

LA HONTE

~~Eder~~ Moment, pensée gênant embarras

Vous pensez que les autres, les événements que vous rencontrez, sont systéma-tiquement les causes de vos émotions ? Pourtant, ceux-ci ne sont la plupart du temps que des déclencheurs : la cause réelle d'une réaction émotionnelle est souvent à chercher plus profondément, voire bien plus antérieurement. Si le déclencheur est bien une cause, l'émotion ressentie est saine. Si la cause est ancienne, on parle alors d'un sentiment parasite. Comment les distinguer ? Vous le découvrirez dans un prochain chapitre…

Réponses p. 121

EXERCICE 6

SENS DESSUS DESSOUS

Et savez-vous reconnaître ce que les émotions provoquent en vous lorsqu'elles se manifestent ?

Le rôle des émotions est de signaler les événements qui sont signifiants pour l'in-dividu et de motiver les comportements permettant de les gérer. Les émotions sont fonctionnelles. S'il est vrai qu'un affect très intense peut paralyser ou perturber notre efficience, nos émotions nous permettent la plupart du temps d'avoir les réactions les plus appropriées aux situations. C'est pourquoi il est important de les écouter et les comprendre.

Voyons donc si vous pouvez identifier les effets de quatre émotions de base, les sensations que chacune provoque… Dans la liste ci-dessous, reliez une émotion (1 à 4) à ses réactions sensorielles (A à D) :

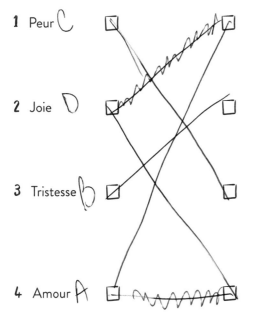

1 Peur C □ ───── □

2 Joie D □ ───── □

3 Tristesse B □ ───── □

4 Amour A □ ───── □

A Ralentissement du rythme cardiaque. Détente dans tout le corps. Mains chaudes, rosissement du visage. Chaleur dans la poitrine.

B Relative accélération cardiaque, légère augmentation de la température de la peau, baisse du tonus, serrement de la poitrine ; crispation des membres.

C Accélération cardiaque, baisse de la température de la peau, sensation de froid, poils qui se dressent, chair de poule, bouche sèche, estomac serré, mains moites ; sang dans les muscles des jambes ; le visage pâlit.

D Le cœur bat fort mais la fréquence cardiaque ralentit ; respiration ample, chaleur dans la poitrine ; douce chaleur dans le corps.

Réponses p. 121

EXERCICE N° 7
ÊTIQU–ÊTRE

Faisons un jeu de définitions… de vous-même ! Que pensez de vous, que dites-vous de vous, quelles étiquettes avez-vous – a-t-on ? – cousues sur votre personnalité… Répondez aux questions suivantes, le plus sincèrement possible, personne n'est là pour vous juger ! Le cas échéant, entourez la/les bonne(s) réponse(s) :

Spontanément, que dites-vous de votre tempérament, votre façon d'être ? (Ex : je suis timide, susceptible, colérique, paresseux, hyperactif, ambitieux) :

Persévérante, Souriante, ~~sens de l'humour~~,
légèrement timide, positive, déterminée

Qui dit cela de vous le plus souvent ?

(Moi)
(Mes parents)
Mes frères, sœurs
(Mes amis)

(Mon/ma conjoint(e))
Mon boss, mes collègues
Un peu tout le monde

Pourquoi dites-vous/pensez-vous cela de vous-même ?

(J'ai toujours été comme ça)
On m'a toujours dit que j'étais comme ça
Je suis devenu comme ça

Je ne me suis jamais posé la question
Ça explique beaucoup de choses de ma façon d'être, alors ça doit être vrai
Autre :

Est-ce que cela vous :

(Satisfait)
(Convient)
(Rassure)
(Motive)
Handicape

Bloque
Énerve
Indiffère
Autre :

N'avez-vous jamais douté de cette étiquette ? Ne vous êtes-vous jamais dit que vous vouliez/pouviez être autrement ?

Souvent
(Parfois)
Jamais

De toute façon, j'en suis incapable
Mais puisque je vous dis que je suis comme ça !

À votre avis, quel est le rapport entre ces questions et les émotions ?

La perception qu'on a de son

Réponse p. 121

Le déni des émotions a une fonction : protéger une personnalité construite sous la pression des circonstances, compromis patiemment élaboré pour unifier nos perceptions, émotions, pensées, comportements. Pour retrouver le sens profond de vous-même, au-delà d'une quelconque image, tâchez d'être attentif à vos sensations, émotions, pensées et comportements. Vous pouvez par ailleurs apprendre à lâcher une étiquette. À suivre…

EXERCICE 8
LA STRATÉGIE DE L'ÉCHEC

Les émotions ne sont donc pas toujours faciles à accepter : sentir peut s'avérer difficile. Et voilà que l'on met en place des stratégies d'évitement, ces petites habitudes comportementales auxquelles on ne prête même plus attention et qui n'ont pourtant qu'une fonction : nous éloigner de nous-même. Et les vôtres, c'est quoi ?

1 **Notez sous chaque illustration des pages suivantes à quelle action donnée elle correspond :**

A Je bloque souvent ma respiration.

B Je bois beaucoup de café.

C Je me ronge les ongles.

D Je tapote des pieds, ou des doigts sur un stylo ou mon mobile.

E Je compte dans ma tête.

F Je bavarde.

G Je ne pourrais pas vivre sans… cigarette, sucre, alcool, sexe, médicaments, travail, télévision, Internet, téléphone portable, twitter…

H Je roule très vite en voiture.

I Je range très méticuleusement mes affaires.

J Je dors beaucoup.

K Je méprise les autres, je juge.

L Je prends les autres en charge, je suis sauveur.

M J'attaque, je blesse autrui, je suis persécuteur.

O   Je parle très vite.

P   Je me replie sur moi, je m'isole.

Q   Je m'active au ménage, ma maison est toujours impeccable.

R   Autre.

Réponses p. 121

2 **Entourez celle(s) qui vous correspond(ent). Plusieurs réponses sont possibles.**

N.B. : si vous avez entouré **Autre** : à vous de dessiner et de noter de quoi il s'agit !

 Les stratégies défensives se reconnaissent à la compulsion. La réaction est automatique, difficile de s'en empêcher. Leur objectif : effacer l'émotion, occuper le corps, les sens, l'esprit. Les comportements compulsifs peuvent parfois prendre la place de l'affect au point d'en annuler toute conscience. Pourtant, ressentir, c'est devenir véritablement soi.

SOIXANTE SECONDES CHRONO

Saviez-vous que chacun a une cocotte-minute personnelle ? Oui, oui, celle qui se loge au creux de notre cœur et attend le moment idéal pour se réveiller en cas de trop-plein de non-dits et autres frustrations. Parce que, à trop vouloir garder les choses pour soi, elles pourraient finir par nous exploser au visage !

Et vous, qu'en est-il de votre cocotte ? Totalement éteinte, parfaitement sereine ou à deux doigts de la déflagration tonitruante ? Dessinez ci-dessous une cocotte-minute vous ressemblant et inscrivez ci-dessous les raisons de son état :

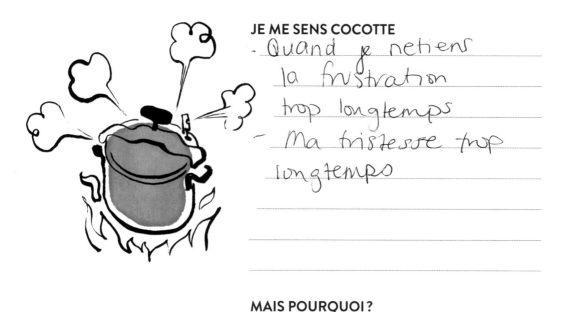

JE ME SENS COCOTTE

- Quand je retiens la frustration trop longtemps
- Ma tristesse trop longtemps

MAIS POURQUOI ?

 Quand on n'arrive pas à exprimer ses frustrations et ses besoins au fur et à mesure, le ressentiment se construit. Les non-dits et petites rancœurs s'accumulent, un beau jour la coupe est pleine. L'émotion exprimée est excessive, elle se déverse sans aucun pouvoir sur le problème.

EXERCICE 10
MOI ET LES AUTRES

Et en société, au travail, en groupe, ça se passe comment ?

1 **Observez la liste d'actions ci-dessous ; quel est leur point commun ?**

Animer une réunion

Parler en public

Répondre à l'agressivité

S'affirmer

Donner son avis

Comprendre les réactions d'autrui

Écouter

Motiver une équipe et se motiver soi-même

Faire face à l'adversité et au changement

Résoudre des conflits

Mener un débat

Prendre la parole devant son chef

Dire je t'aime

Renvoyer à la cuisine une viande trop rouge ou un vin bouchonné

Inviter ses voisins à prendre l'apéritif

2 **Laquelle – ou lesquelles – de ces compétences sociales souhaiteriez-vous, voire auriez-vous besoin de maîtriser plus particulièrement ? Expliquez :**

Tout ce qui implique être le centre de l'attention ou trop de sociabilité, me "défendre" moi qui hait la chicane

Réponse p. 121

3 Vous êtes-vous déjà retrouvé dans une situation évoquée dans la liste, que vous n'avez pas du tout gérée par défaut de maîtrise de vous-même ou des autres ? Racontez :

_____

_____

_____

_____

_____

_____

_____

_____

_____

_____

_____

_____

_____

_____

_____

_____

_____

_____

_____

_____

Il y a des lois dans la communication, des connaissances qu'on peut acquérir, des savoir-faire à maîtriser, des savoir-être à épanouir. Le langage des émotions a une grammaire. L'intelligence des rapports sociaux peut être apprise et maîtrisée par le plus grand nombre… par vous.

MON BiLAN

Nous voici arrivés au terme de notre première séance. Vous avez bien travaillé ! D'ailleurs, l'art de gérer ses émotions, la manière de concilier la tête et le cœur, commence à sonner à votre oreille, à devenir une réalité à votre portée. Mais ce n'est que le début, et avant de passer à la suite, ultime effort pour clore cette étape : un petit bilan de fin de session. Rappel : les questions suivantes correspondent, dans l'ordre, aux exercices que vous venez d'achever. Vous avez le droit de revenir en arrière, mais tentez tout d'abord, de répondre de mémoire (et de cœur...) !

Alors, avez-vous bien retenu la leçon ? Vérification :
Complétez cette phrase :

1 **Complétez cette phrase :** La réussite dépend moins du quotient intellectuel que de

_____

_____

2 **Complétez l'équation :** IC = _____ + _____

3 **Qu'est-ce qui peut déclencher une émotion ?**

_____

_____

4 **Quelles sont les huit émotions de base ?**

_____

_____

5 **Ne pas confondre déclencheur d'une réaction émotionnelle et** _____

6 **Citez au moins 3 réactions physiques provoquées par la peur**

_____

_____

7 Avez-vous identifié une étiquette apposée à votre personnalité qui s'impose à votre conscience presque malgré vous ?

Oui

Non

Combien de fois vais-je devoir vous répéter que je suis comme ça !

On en reparle à la page XX.

8 **Complétez cette phrase** : Ressentir, c'est _____

_____

9 **Et cette cocotte, elle donne quoi ?**

Débranchée, rien ne s'allume.

En parfait état de marche, ça frémit sereinement.

En mode autocuiseur, ça frémit bien mais pour combien de temps ?

Au bord de l'explosion.

Déjà en 1000 morceaux.

10 On ne dit pas orthographe, on dit : _____ **des émotions**

Et pour clore cette première étape, apprenez cette phrase :

Ce n'est pas LA RAISON
qui guide LE MONDE,
ce sont les émotions
et ça c'est RAISONNABLE

Réponses p. 121-122

séance 2

POUR ÉVALUER SON QUOTIENT ÉMOTIONNEL

S econde et dernière séance de bilan, de compréhension de soi, avant de passer résolument au volet « je progresse et je m'améliore » !

Pour cette session, des exercices d'un genre un peu particulier : un chapitre entièrement consacré à l'évaluation de votre QE, quotient émotionnel. Un test qui a pour objectif de vous permettre de cerner les contours de votre potentiel émotionnel.

Attention aux fausses idées : nous ne vous proposons pas ici un outil de quantification ou de normalisation de votre vie émotionnelle. Nous n'allons pas vous mettre dans une case, bardée de chiffres et de données, et vous dire « voilà ce que tu es, mon fils » ! Non, il s'agit surtout de vous amener à certaines réflexions sur vous-même, de vous aider à faire le point, à sortir de la nébuleuse de vos émotions, pour toucher du doigt ce que vous ne parvenez pas forcément à identifier spontanément. Et à terme de vous permettre de repérer les progrès que vous souhaitez faire.

Alors prenez ce test pour ce qu'il est : l'occasion de vous connaître un peu mieux, et de passer avec vous-même un bon moment.

L'heure du test A SONNÉ ! ⟹

Cochez la ou les réponses qui vous semblent le plus proche de ce que vous vivez. Il n'y a pas de « correction », pas de chiffre associé à cette évaluation. Estimez vous-même votre position et les progrès que vous avez à réaliser.

Sur la flèche proposée après chaque question, déplacez le curseur en fonction de votre perception. Les flèches seront rassemblées en fleur à la fin du test, de façon à vous permettre de vous faire une image visuelle de vos compétences en matière d'intelligence du cœur.

Exemple :

jamais ————————————————————→ toujours

1 Vous êtes capable de rester conscient de votre respiration alors que vous poursuivez vos occupations :

☐ toujours
☑ presque toujours
☐ parfois
☐ rarement
☐ jamais

jamais ——————————————————○——→ toujours

2 Vous savez reconnaître en vous :

☐ peur   ☑ amour   ☑ surprise
☑ colère   ☑ joie   ☐ dégoût
☑ tristesse   ☐ honte   ☐ toutes vos émotions

aucune émotion ————————————○———→ toutes mes émotions

3 Vous savez identifier le déclencheur de votre émotion :

☐ toujours
☐ presque toujours
☑ parfois
☐ rarement
☐ jamais

jamais —————————○———————————→ toujours

4 Vous savez identifier les causes réelles de vos émotions :

☐ toujours

☐ presque toujours

☑ parfois

☐ rarement

☐ jamais

jamais ──────────────────⊚──────────────────➤ toujours

5 Quand vous êtes triste :

☐ je ne suis jamais triste

☐ je suis plutôt irascible, je me mets en colère pour des riens

☐ je m'enrhume

☐ je pleure tout(e) seul(e)

☑ je pleure dans les bras de quelqu'un qui peut m'écouter

jamais ──────────────────────────────⊚ je pleure dans les bras
de quelqu'un

6 Quand quelque chose ne vous convient pas, vous le dites :

☐ toujours

☐ presque toujours

☑ parfois

☐ rarement

☐ jamais

jamais ──────────────────⊚──────────────────➤ toujours

7 **Vous parlez de vos peurs profondes :**

☐ facilement et à tout le monde

☐ facilement mais à une ou à quelques personne(s)

☑ difficilement

☐ c'est impossible

impossible ──────────────────────────────► très facilement

8 **Vous savez montrer votre joie : crier, rire, prendre dans les bras... :**

☑ oui, facilement

☐ seulement avec certaines personnes

☐ je dis que je suis content(e), mais je ne suis pas démonstratif(ve)

☐ je suis gêné(e), je baisse les yeux

☐ pas du tout, alors je parle d'autre chose pour faire diversion

pas du tout ──────────────────────────────► oui, facilement

9 **Pour mener à bien un travail, vous avez besoin qu'on vous stimule :**

☐ toujours   ☑ rarement

☐ presque toujours   ☐ jamais, je m'autodiscipline.

☐ parfois

toujours ──────────────────────────────► jamais

10 **Il peut vous arriver de faire quelque chose qui va à l'encontre de votre estime de vous :**

☐ très souvent   ☐ parfois

☐ souvent   ☑ rarement

☐ jamais

très souvent ──────────────────────────────► jamais

11 Quand vous êtes seul(e) de votre avis, en désaccord avec un groupe de personnes :

☐ je ne suis jamais en désaccord.

☐ je ne dis rien, je fais semblant d'être d'accord.

☑ je ne dis rien pendant la réunion mais, dans les couloirs ou lors d'une pause, je vais exprimer mon désaccord à une personne que je connais mieux.

☐ je deviens agressif, je peux les insulter.

☐ je tente de les convaincre de mon point de vue.

☐ j'écoute leurs idées et j'affirme les miennes.

je ne suis jamais   ⟶   j'écoute
en désaccord   et j'affirme mes idées

12 Quand vous êtes face à une injustice :

☐ je passe mon chemin, je ne veux pas voir ça.

☐ j'oublie vite, je me dis que c'est la vie, c'est triste mais on n'y peut rien.

☐ je me sens triste et impuissant.

☑ je suis en colère, j'en parle autour de moi.

☐ je suis en colère et je tente de faire quelque chose.

je passe   ⟶   je suis en colère,
mon chemin   je tente d'agir

13 Devant l'adversité, vous vous découragez :

☐ très facilement

☐ assez facilement

☑ ça dépend

☐ pas facilement

☐ jamais

très facilement   ⟶   jamais

14 **Lorsque vous devez parler en public :**

☐ je suis paralysé(e) de terreur et je recule.

☐ je n'ai jamais le trac.

☑ j'ai le trac et je prends sur moi.

☐ je me dis que tout le monde a le trac et j'y vais.

☐ j'accepte mon trac, j'en utilise l'énergie.

| paralysé de terreur | jamais le trac | je prends sur moi | tout le monde pareil | j'utilise le trac |

15 **Quand un silence s'installe dans un groupe :**

☐ je ne supporte pas du tout, je fais n'importe quoi pour briser le silence.

☑ je fais semblant d'être occupé(e) à quelque chose.

☐ je suis mal à l'aise.

☐ ça va, je laisse passer le temps.

☐ je me sens bien, en communion avec les autres.

| je ne supporte pas | je me sens en communion avec les autres |

16 **Quand tout le monde est énervé, vous vous énervez aussi :**

☐ toujours

☐ presque toujours

☐ parfois

☑ rarement

☐ jamais, je sais résister à la contagion émotionnelle.

| jamais | toujours |

17 **Vous parlez de vous :**

☐ facilement et à toutes sortes de gens.

☑ assez facilement mais seulement à certaines personnes.

☐ je raconte ce qui m'arrive mais sans évoquer mon ressenti.

☐ seulement quand je suis à mon avantage.

☐ jamais

jamais ──────────────────────────────────> toujours

18 **Vous dites bonjour :**

☐ machinalement, je suis indifférent.

☐ si on me tend la main.

☐ en cachant mes mains moites.

☐ pour prendre le pouvoir, être le/la premier(ère).

☑ avec retenue.

☐ avec chaleur, joie et empathie.

indifférent ─────── mal à ─────── à l'aise ─────── chaleureux
                     l'aise   et accueillant

19 **Vous savez dire quelques mots gentils au guichetier :**

☐ toujours

☐ presque toujours

☑ parfois

☐ rarement

☐ jamais

jamais ──────────────────────────────────> toujours

20 **Vous savez dire « je t'aime » :**

☐ jamais

☐ rarement

☐ parfois

☐ presque toujours

☑ toujours

jamais ──────────────────────────────────> toujours

21 Si vous vous sentez intimidé(e) devant quelqu'un :

☐ je reste en retrait et silencieux(se).

☐ je reste en retrait et le critique dans son dos.

☐ je l'agresse.

☑ je prends sur moi, je vais le voir en tentant de dissimuler les tensions.

☐ je profite de l'occasion pour aller soigner l'enfant honteux en moi, après quoi je
ne suis plus intimidé(e). J'ai confiance en moi, et j'entre en contact facilement.

je reste en retrait	je critique	j'agresse	je prends sur moi et vais vers lui	je soigne l'enfant en moi et je vais vers lui

22 Vous recevez un compliment :

☐ vous l'ignorez.

☐ vous vous demandez ce que ça cache.

☐ vous minimisez.

☑ vous vous sentez redevable et faites un compliment en retour.

☐ vous le recevez.

☐ vous le recevez et remerciez.

vous l'ignorez	vous le recevez et remerciez

23 Vous savez demander ce dont vous avez besoin :

☐ toujours

☐ presque toujours

☑ parfois

☐ rarement

☐ jamais

jamais	toujours

24 **Vous savez dire non à ce qui ne vous convient pas :**

☐ toujours

☐ presque toujours

☑ parfois

☐ rarement

☐ jamais

jamais ⟶ toujours

25 **Quand vous êtes en conflit :**

☐ je fuis le problème.

☐ je me soumets ou je cherche à dominer.

☐ je vais chercher un médiateur.

☑ je négocie.

je fuis ⟶ je négocie

26 **Vous avez conscience de l'effet de vos comportements sur les autres :**

☑ toujours

☑ presque toujours

☐ parfois

☐ rarement

☐ jamais

jamais ⟶ toujours

27 **Vous savez vous décentrer de votre propre point de vue et vous mettre à la place de l'autre :**

☑ toujours

☐ presque toujours

☐ parfois

☐ rarement

☐ jamais

```
jamais                                    toujours
```

28 **Quand on vous agresse :**

☐ je me sens systématiquement coupable.

☐ je peux être violent(e).

☐ je suis en colère et je le dis.

☐ je ne dis rien, je passe mon chemin.

☑ je tente de comprendre ce qui a amené la personne à m'agresser ainsi, je réagis avec empathie.

```
je me sens                              je réagis
coupable                              avec empathie
```

29 **Je sais identifier ce que les autres ressentent :**

☑ toujours

☐ presque toujours

☐ parfois

☐ rarement

☐ jamais

```
jamais                                    toujours
```

30 **Quand vous écoutez autrui, vous ne pouvez vous empêcher de lui donner des conseils :**

☐ toujours

☐ presque toujours

☑ parfois

☐ rarement

☐ jamais

```
jamais                                    toujours
```

31 **Quand quelqu'un pleure :**

☐ c'est intolérable, je sors de la pièce.

☐ je cherche à le distraire.

☐ je ne peux m'empêcher de pleurer aussi.

☑ je cherche à le consoler.

☐ je reste simplement à l'écoute de son émotion, en l'accompagnant dans mon cœur.

c'est intolérable ——————————————Ø————————> je l'accompagne

32 **Quand vous êtes amené(e) à travailler en équipe :**

☐ j'évite le travail d'équipe.

☐ j'ai tendance à m'isoler.

☐ je suis le groupe, je me conforme à la majorité.

☐ j'ai peur mais je participe.

☑ je prends des initiatives, je participe franchement, je coopère avec toute l'équipe.

j'évite ————————————————————————Ø——> je coopère

MON BILAN

Vous voilà au bout de votre test. Passons à l'analyse. Un quotient émotionnel ne peut se réduire à un chiffre, aussi faites-vous une image de vos forces et de vos faiblesses en rassemblant en fleur les flèches ci-dessous. Reliez les curseurs.

Voici un exemple de ce que vous obtiendrez :

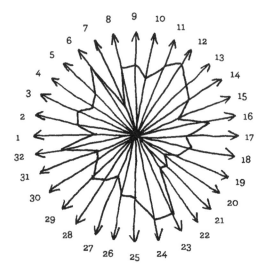

Reportez vos propres curseurs sur cette rosace vierge, et reliez-les :

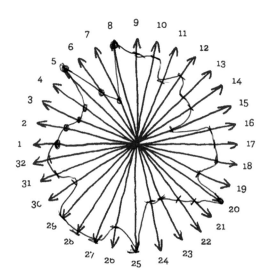

Quelques repères :

les flèches de 1 à 4 : reflètent votre conscience de vous.

de 5 à 8 : elles mesurent vos facilités d'expression émotionnelle.

de 9 à 13 : elles disent votre niveau d'autonomie.

de 14 à 17 : votre confiance en vous.

de 18 à 25 : votre attitude face à autrui.

de 26 à 31 : votre capacité à écouter, à accueillir l'autre.

et 32 explicite votre aptitude à évoluer en groupe.

Mais n'oubliez pas, utilisez cette rosace comme un jeu. L'objectif de ce test est de vous amener à réfléchir sur vous-même en vous posant des questions, et non de vous évaluer.

À présent, et pour clore ce chapitre, répondez à ces quelques questions :

1 **Observez vos richesses, quels sont vos atouts en matière de relation ?**

Capacité à écouter
autonomie

2 **Repérez-vous des zones par trop étrécies dans votre personnalité ?**

Confiance en vous
Conscience de vous

3 **Au vue de vos résultats, quelles compétences émotionnelles ou relationnelles souhaitez-vous développer ?**

Confiance
conscience

séance 3
POUR MIEUX S'ÉCOUTER

Il est temps désormais de creuser plus profondément dans cette âme humaine qui ne demande finalement qu'à s'ouvrir… Les quatre chapitres qui suivent vous enseigneront le B.A.-BA de l'intelligence du cœur, et vous offriront les clés d'une vie émotionnelle et relationnelle épanouie. Bref, toutes les bases pour gérer vos émotions et faire face à celles de votre entourage.

4 chapitres, 4 séances, 4 objectifs pour :

1. Apprendre à mieux s'écouter : sentir, identifier, comprendre, accepter vos propres émotions. Ou comment faire de l'introspection une force pour évoluer. Notre première étape, strictement intérieure, où vous serez exclusivement tourné vers et en vous-même.

2. Apprendre à s'exprimer : dire, montrer, partager vos émotions aux autres. Ou comment ouvrir la porte de votre cœur à votre entourage. Savoir prêter l'oreille à votre for intérieur est une chose, mais il s'agit d'être capable de transmettre votre ressenti à ceux qui vous entourent.

3. Apprendre à être attentif aux autres : repérer, entendre, respecter, réveiller, accompagner les émotions d'autrui. Ou comment faire de l'empathie et de la compréhension de l'autre un moyen d'apaisement et d'échanges harmonieux. Une troisième étape qui vous ouvrira les portes de la communication et de la coopération.

4. Apprendre à vivre en harmonie avec ceux qu'on aime : aimer et être aimé, savoir le dire, le montrer, l'alimenter, et toujours être concerné par ceux qui partagent votre vie, au jour le jour, votre conjoint(e), vos enfants… Ou comment rendre heureux ceux dont dépend une bonne partie de votre propre bonheur.

Alors, prêt pour le grand voyage intérieur ? En route vers cette nouvelle étape : Me, Myself, and I !

· ·

Comment RECONNAÎTRE, ACCEPTER SES ÉMOTIONS et agir en conséquence

EXERCICE 1

SENSATIONNEL

Apprendre à s'écouter et se comprendre, ça commence par les sensations, ces innombrables petites choses que l'on ressent au fond de soi, et auxquelles on ne prête pourtant pas souvent attention. Exercice de mise en jambe :

1 **Prenez un instant pour « écouter » votre corps.**
   Que ressentez-vous ?
   Mettez des mots sur vos sensations physiques (ex. : j'ai chaud aux pieds, je ressens des picotements dans l'épaule, mon cœur bat, j'ai la gorge sèche...) :

_____

_____

_____

_____

_____

_____

_____

_____

_____

_____

_____

Pensez à renouveler régulièrement cet exercice qui vous permet de reprendre contact avec ce corps que vous avez certainement tendance à mettre de côté.

_____

_____

_____

2 **Autre type de travail : installez-vous confortablement, veillez à ce que l'on ne vous dérange pas, débranchez le téléphone – vous êtes à l'écoute de l'intérieur de vous, l'extérieur peut attendre. Les yeux ouverts ou fermés selon votre confort, évoquez mentalement la situation suivante (attention à ne pas être à l'extérieur de vous-même ; voyez par vos yeux, vous êtes à l'intérieur de votre corps) :**

Vous êtes sous la douche... Dirigez vos yeux vers le haut à gauche. Voyez la baignoire, la couleur du rideau, le temps qu'il fait par la fenêtre, l'eau qui ruisselle le long de votre corps... Dirigez vos yeux à l'horizontale sur le côté gauche... Écoutez le bruit de l'eau, du savon qui tombe, de la radio ou de votre voix... Humez le parfum de votre savon, l'odeur de la vapeur... Dirigez vos yeux vers le bas et à droite... Sentez sur votre peau l'impact des gouttes d'eau, le contact de la baignoire sous vos pieds, l'eau qui dégouline dans vos mains, sur votre visage, sur votre corps.

Qu'avez-vous ressenti ?

_____

_____

_____

_____

_____

_____

_____

_____

_____

_____

_____

_____

· ·

 Sensation et émotion sont intrinsèquement liées. Vos sensations internes vous renseignent sur vos émotions. Parfois même, elles se manifestent avant que vous ne sachiez vraiment pourquoi ; et soudain, l'émotion est là qui se révèle en vous, le corps réagit avant le cerveau. Apprenez à sentir ces sensations sans juger, à écouter simplement ce qui se passe en vous. Un premier pas vers l'identification de vos émotions.

· ·

EXERCICE 2

MA PLUME ET MON PINCEAU

Essayez à présent de mettre des mots et des images sur vos émotions. Une façon pour vous de voir si vous savez les reconnaître et les décrypter.

1 Rappelez-vous une émotion récente : replongez-vous mentalement dans la situation ; rappelez-vous ce que vous avez ressenti, vos sensations, vos pensées, vos réactions. Laissez-vous ressentir à nouveau les sensations vécues, suivez le fil de l'émotion et associez librement ; écrivez tout ce qui vous vient, sans jugement :

_____

_____

_____

_____

_____

_____

_____

_____

_____

_____

_____

_____

_____

_____

_____

_____

_____

_____

_____

_____

2 À présent, dessinez l'image ou les images qui vous sont venues à l'évocation de cette émotion passée. Qu'est-ce qui est apparu en vous ?

 Retrouver ses émotions véritables, c'est retrouver sa liberté. À condition de trouver la tempérance entre la négation et l'expression incontrôlée, bien loin de nous enchaîner, les émotions sont les garantes de notre autonomie. Cultiver et exprimer ses émotions authentiques est possible. Lorsqu'une émotion surgit, acceptez-la, respirez dedans, laissez-la se développer, couler en vous. Alors vous pourrez la gérer.

EXERCICE 3

PLUS OU MOINS

Parfois, on ressent trop, parfois on ne ressent pas assez. Cela peut se corriger. Le tout est déjà de savoir ce qu'il en est.

Parmi les huit émotions de base (colère, surprise, joie, dégoût, tristesse, peur, honte, amour), y en a-t-il une que vous… :

ne ressentez jamais ou très rarement ?

_____

constatez comme plus familière que les autres ?

_____

ressentez trop souvent et qui se manifeste de manière excessive ? Expliquez :

_____

_____

_____

_____

_____

_____

_____

Ou peut-être n'en ressentez-vous aucune ou vraiment très peu ?

_____

_____

• •

 Nous construisons nos habitudes émotionnelles en fonction des émotions acceptées ou interdites par nos parents à l'époque de notre enfance (consciemment et surtout inconsciemment), des tabous et secrets familiaux, mais aussi de la place dans la fratrie (aîné, cadet, benjamin). Avec le temps, des sentiments parasites se forment…

• •

EXERCICE 4

AU VOLEUR !

Une de ces habitudes émotionnelles, à tendance parasite issues de la prime jeunesse, porte un petit nom qui, à lui seul, dit tout...

1 **Saurez-vous le deviner ?**
Observez l'illustration ci-dessous et trouvez l'homonyme de ce vilain mot sur lequel vous serez ensuite amené à travailler : _____

Réponse p. 122

2 **Passons à présent aux choses sérieuses :**

\# Rappelez quelle émotion vous ne vous autorisez pas (pour les deux du fond qui ne suivent pas, on se réfère à l'exercice précédent !) :

_____

\# Comment avez-vous appris à réprimer cette émotion ?

_____

_____

_____

Comment vos parents réagissaient-ils quand vous manifestiez de la colère ? de la peine ? de la peur ? de la joie ?

_____

_____

_____

Vous êtes-vous interdit cette émotion pour ne pas risquer de « faire de la peine » à papa ou maman ?

☐ Oui   ☐ Non

☐ Autre :

_____

Avez-vous simplement copié vos parents, eux-mêmes ne l'exprimant pas ?

☐ Oui   ☐ Non

☐ Autre :

_____

Ou encore, l'avez-vous exclue de votre répertoire pour justement ne pas ressembler à papa ou maman ?

☐ Oui   ☐ Non

☐ Autre :

_____

Enfin, notez à nouveau l'émotion qui vous est la plus familière et demandez-vous si parfois vous ne la ressentez pas à défaut de celle que vous ne vous autorisez pas : ...

_____

• •

On qualifie de « rackets » ces sentiments mis en avant pour en dissimuler d'autres. C'est une émotion de substitution. On reconnaît un racket à son côté systématique et répétitif. Ces comportements apportent une illusoire sécurité et fonctionnent comme une prison émotionnelle. En être conscient est la première étape pour s'en libérer.

• •

EXERCICE 5
DO YOU REMEMBER ?

En voici un autre, de sentiment parasite qui porte bien son nom. Voilà qui nous donne bien envie de vous faire jouer au même jeu...

1 **Saurez-vous le deviner ?**
Observez l'illustration ci-dessous et notez ci-contre ce vilain mot sur lequel vous serez ensuite amené à travailler (oui, là on a décidé que l'exercice commençait de la même manière...) :...

Réponse p. 122

Un élastique s'installe quand une situation n'est pas « terminée ». L'émotion suscitée n'a pu être vécue, les affects n'ont pu être élaborés, le sens est resté en suspens, le processus de deuil a été interrompu. Souvent nous déversons sur ceux en qui nous avons confiance les rancœurs et sentiments issus de frustrations anciennes, mais indicibles aux personnages de notre enfance.

2 **Passons à présent aux choses sérieuses :**

\# Rappelez quelle est votre émotion qui vous paraît excessive (référez-vous à l'exercice n° 3) :

_____

Remontez dans votre passé ; quand avez-vous déjà ressenti cela ? Envers qui ? Trouvez trois situations, de la plus récente à la plus ancienne :

1 _____

2 _____

3 **Enfin, allez guérir l'enfant, l'adolescent, en vous : écrivez une lettre à la personne (parent, frère, sœur, tante, prof, médecin...) qui, la première, vous a blessé(e). Dénoncez précisément les comportements qui vous ont blessé(e). Dites-lui ce que vous attendiez d'elle. Exprimez les besoins qui étaient les vôtres à ce moment-là.**

La lettre est à faire sur papier libre ; en revanche, profitez de ce cahier pour faire un premier brouillon et notez dès à présent vos idées.

Tournez-vous intérieurement vers l'enfant que vous étiez et donnez-lui ce dont il avait besoin à l'époque. Puis, relisez votre lettre, si elle est sans jugement, sans rancœur, vous pouvez l'adresser à la personne pour améliorer votre relation. Si votre lettre est encore pleine de colère, de généralisations, d'accusations, brûlez-la. Vous en écrirez une autre, puis une autre, et encore une autre...

EXERCICE 6
LE VRAI DU FAUX

Il est nécessaire de distinguer déclencheur et cause, réaction émotionnelle et émotion à proprement parler. Comment y parvenir ? À vous de jouer !

1 **Repérez la dernière fois que vous avez eu une forte réaction émotionnelle ; situez le déclencheur le plus précisément possible. Complétez les phrases suivantes :**

Ça a commencé quand... :

_____

_____

_____

J'ai ressenti physiquement (sensation) :

_____

_____

_____

J'ai ressenti émotionnellement :

_____

_____

_____

J'ai réagi en... :

_____

_____

_____

Posez-vous la question : pour quelle raison ai-je éprouvé cette émotion face à cette situation. Quel fut le ressort de la situation ?

_____

_____

_____

2 **Allez à présent chercher plus profondément du côté de la cause réelle :**

Dans le passé, j'ai vécu... : _____

_____

Ou, en ce moment, je vis... : _____

_____

Je comprends donc que... : _____

_____

Pour vous aider dans l'accomplissement de cet exercice, voici un exemple.

1 Vous rentrez chez vous et découvrez votre enfant devant l'ordinateur (déclencheur) ; sans savoir pourquoi, cela vous énerve et vous vous mettez en colère contre lui/elle (réaction émotionnelle).

2 En ce moment, ça ne va pas fort dans votre couple, et votre conjoint(e) passe beaucoup de temps devant ce même ordinateur, plus qu'avec vous (cause) ; vous êtes frustré, triste, de cette situation (émotion), mais vous ne dites rien ; et un jour, sans raison apparente, ça déborde sur votre enfant... ou :

2 Lorsque vous étiez vous-même enfant, vous passiez de longues heures devant la té-lévision, parce que vos parents rentraient tard le soir et ne s'occupaient pas de vous (cause) ; ce soir-là, vous êtes vous-même rentré un peu tard ; votre culpabilité de parent face à votre enfant seul devant l'ordinateur est réveillée par le sentiment d'abandon, la tristesse qui était la vôtre à l'époque (émotion).

• •

La seule façon de ne pas transmettre aux autres nos frustrations, rages, terreurs ou désespoirs, c'est de les partager ! Reconnaître et accepter vos émotions véri-tables permet de cesser de projeter ainsi votre passé, vos affects, vos pensées, sur les autres, et d'avoir en conséquence des relations plus authentiques et plus riches. Vous savez à présent identifier, vous saurez bientôt exprimer...

• •

EXERCICE 7
DE HAUT EN BAS

Saviez-vous que la respiration est l'outil par excellence de la maîtrise des affects ? Exercez-vous à une respiration stable et profonde, pour accueillir vos émotions sans être emporté par elles, et leur permettre d'accomplir leurs fonctions respectives.

\# Adoptez la posture qui vous convient : assis, debout ou allongé – mais toujours le corps stable, ancré dans le sol, les membres libres les uns des autres, les jambes légèrement écartées, dans le prolongement du bassin, la tête droite…

\# Observez votre respiration spontanée. Puis, inspirez… Jusque dans le dos. Imaginez vos poumons comme des ballons. Sentez votre cage thoracique s'ouvrir sur chaque inspiration, à l'avant, mais aussi et surtout, à l'arrière, dans le dos. Puis expirez. Répétez régulièrement la respiration, inspirez vers vos cervicales, vos lombaires, votre colonne vertébrale, de haut en bas. Et expirez profondément à chaque fois. Descendez jusqu'au sacrum. Faites cela plusieurs minutes.

\# Sentez comme vous devenez plus consistant. Vous prenez davantage conscience de vous-même tout en restant présent à l'autre. Faites cet exercice régulièrement, jusqu'à ce qu'il devienne naturel.

 Face à une situation émotionnellement forte, voire conflictuelle, votre posture peut aussi vous aider. Écartez les jambes de la largeur de votre bassin, pieds parallèles, faites face à la/aux personne(s), regardez-la(les) droit dans les yeux tout en respirant en vous. Pour éloigner vos pensées négatives, ancrez bien vos pieds dans le sol et prenez conscience des sensations que cela vous procure. Vous resterez ainsi maître de vos réactions et maîtriserez larmes, fous rires ou peurs excessives.

EXPRESSION PERSONNELLE

Voyez donc ces espaces blancs qui s'offrent à vous ! Quelle peut bien être sa raison d'être ? Eh bien, la réponse est simple : c'est vous ! Nul besoin de la remplir dès à présent ; elle a une fonction bien précise : accueillir les fruits de la prochaine émotion forte que vous ressentirez. Joie intense, colère vive, tristesse profonde, peur extrême ou tout autre émoi de la sorte, constitueront la matière première de cet exercice de libre expression. La prochaine fois que vous ressentirez l'une de ces émotions, ouvrez votre cahier à cette page et... dessinez, peignez, écrivez. Laissez sortir ce que vous ressentez. En un mot, créez !

EXERCICE 9
ÊTRE OU NE PAS ÊTRE

Ultime exercice avant de clore cette séance : un travail, en deux étapes, pour tâcher de prendre contact avec ce que vous pouvez être vraiment, à condition de vous libérer de toutes ces définitions, dévalorisations, inhibitions, que vous traînez derrière vous comme un fil à la patte.

1 **Jouons d'abord avec les mots. Reformulez les phrases ci-dessous, en passant d'un langage passif à un langage actif, du verbe « être » au verbe « avoir » ou « faire ».**

On ne dit pas :

> **1** « Je ne suis pas sportif », on dit >> _____
>
> **2** «Je suis nul en musique », on dit >>_____
>
> **3** «Je suis timide », on dit >> _____
>
> **4** «Je ne suis pas à la hauteur », on dit >>

Et vous, quelle est la phrase passive qui vous colle à la peau ? Cette étiquette dévalorisante que vous avez évoquée à l'exercice 7 de la séance 1... Écrivez-la selon le même procédé, mode passif « être », puis mode actif « avoir » ou « faire » :

> # Je suis _____ >> Je _____

Réponses p. 122

2 **Agissons ! Lâcher une étiquette ne se fait pas en un claquement de doigt. Comprendre qu'un caractère, une mauvaise habitude ou une angoisse ne font pas une identité est une première étape, mais notre exercice serait bien incomplet si l'on s'arrêtait là. Alors, faisons une expérience : passons au jeu de rôle, l'exercice du « comme si » !**

Pendant une semaine, à raison de vingt minutes par jour, faites « comme si » vous n'étiez pas cette définition de vous-même dont vous ne vous détachez plus. Si vous vous dites timide, faites comme si vous étiez à l'aise et aviez confiance en vous ; si vous vous dites non sportif, faites comme si vous aimiez faire du sport, vous dépasser, etc. Vous pouvez faire l'exercice où et quand vous le désirez, seul chez vous, dans le bus, sur votre lieu de travail...

Faites l'exercice assidûment, ne vous jugez pas, agissez simplement en conséquence, endossez ce rôle comme s'il était votre vraie nature.

Dans une semaine, revenez sur cette page, pour y noter ce que vous avez ressenti :

_____

_____

_____

_____

_____

_____

_____

_____

_____

_____

_____

_____

_____

_____

_____

_____

_____

_____

À présent, renouvelez l'expérience, non plus en vous disant que vous faites « comme si », en endossant un rôle, mais simplement en vous confrontant à la réalité de vos soi-disant incapacités, en affrontant directement vos inhibitions (par exemple, si vous vous dites non sportif, inscrivez-vous à un petit marathon, entraînez-vous, appliquez-vous et allez-y !)

• •

Cessez de juger, définir, nommer. Cela ne vous protège pas, mais vous enferme. À la place : ressentez. Faites face à vous-même, affrontez les émotions qui se cachent.

• •

MON BILAN

Écouter le langage de son cœur oblige à désapprendre certains réflexes. Quitter les straté-gies de survie, oser traverser la possible souffrance sous-jacente à certaines émotions, est la seule issue pour vivre vraiment. Le chemin vers la liberté est celui de la pleine conscience, et cela commence par la conscience de soi.

Alors, avez-vous bien retenu la leçon ? Vérification :

1 **Comment s'est passée l'écoute de vos sensations ?**

Trop de choses en moi

Communion parfaite avec mon corps

1re tentative difficile mais prometteuse

Silence total

Même pas tenu 30 secondes

Pas réussi mais j'y arriverai !

2 **Qu'est-il conseillé de faire lorsqu'une émotion surgit ?**

_____

_____

_____

_____

3 **Émotionnellement, vous êtes du genre :**

Perdu en mer

Pas loin d'être submergé par les flots

Régulièrement noyé

Sans cap

Je marche dans le désert

En eaux troubles

Bon rythme de croisière

En eaux un peu trop calmes

4 **Comment s'appelle l'émotion de substitution ?** _____

5 Comment s'appelle l'émotion en suspens ? _____

6 Complétez la phrase : La seule façon de ne pas transmettre aux autres nos frustrations, rages, terreurs ou désespoirs, c'est :

_____

7 Nommez vos deux alliés pour gérer les émotions :

_____

_____

8 Qu'est-il bon de faire quand on ressent une forte émotion ?

_____

Si vous avez déjà fait l'exercice, pour quoi avez-vous opté (peinture, dessin, écriture…) ?

_____

_____

9 Qu'avez-vous retenu de l'exercice du « Comme si » ?

_____

_____

_____

Et pour clore cette étape, recopiez et affichez cette phrase chez vous :

Je ne suis pas SEULEMENT
celui que j'ai l'habitude d'être.
je peux devenir celui que j'ai
ENVIE D'ÊTRE.

Réponses p. 122

séance 4

POUR ENFIN S'EXPRIMER

présent que vous commencez à y voir plus clair dans vos propres émotions, passons à l'étape suivante, sans laquelle le travail accompli jusque-là tournerait vite en rond. Une étape importante, donc, et peut-être a priori délicate pour vous : révéler aux autres toutes ces émotions qui vous habitent.

Vous pensez ne pas savoir y faire ? Peut-être n'aimez-vous pas ça, peut-être avez-vous peur de dévoiler ce que vous ressentez, comme si vous deviez vous mettre à nu ? Ou au contraire, peut-être n'avez-vous pas une expérience très plaisante de la chose, vous qui généralement en montrez trop sans même le vouloir, vous qui ne parvenez pas à dire les choses comme vous le voudriez mais laissez bien malgré vous vos émois rejaillir sur les uns et sur les autres ?

Stooop ! Nul besoin d'anticiper, d'appréhender, et encore moins de paniquer ! Il suffit de savoir comment faire pour bien le faire. Et ça tombe bien, puisque c'est exactement ce que l'on va vous expliquer ici.

Votre objectif en cette nouvelle séance : partager vos émotions, faciliter la communication, respecter et faire respecter ce que vous ressentez, donner à entendre ou à voir l'agréable comme le douloureux… Sortir des tabous et autres non-dits, oublier le « qu'en-dira-t-on » et ses jugements, laisser de côté la pudeur excessive à tendance antisociale, accepter le partage, accueillir la confiance, favoriser l'échange.

Vous découvrirez alors qu'en s'ouvrant à l'autre, on peut jouir du plaisir d'être pleinement soi.

Comment FORMULER. EXTÉRIORISER. PARTAGER. EXPLIQUER. DONNER ET RECEVOIR *des émotions* ⇒

EXERCICE 1
ASTUCES GRAMMATICALES

Comment bien dire les choses, exprimer à autrui avec intelligence et intelligibilité ce que l'on ressent de son attitude quand c'est aussi peu plaisant à dire qu'à entendre ? Se cacher la tête dans le sable ? Mauvaise réponse ! Brailler jusqu'à plus soif ? Quelle idée ! Non, il suffit de maîtriser une discipline que vous connaissez fort bien, mais que vous n'auriez certainement pas pensé voir appliquée aux émotions : la grammaire ! Mais pas n'importe laquelle... On l'appelle « Grammaire relationnelle ».

Voici quelques petits trucs utiles à appliquer dans une situation relationnelle et émotionnelle pénible ; entraînez-vous ici même, et pensez à les réutiliser la prochaine fois que vous vous trouverez dans une situation s'y prêtant.

Mise en situation... Une attitude d'un proche vous blesse, vous interpelle, vous vous sentez démuni ou dévalorisé. Comment lui diriez-vous ? Complétez les phrases suivantes :

Quand (situation ou action) _____,

je me sens (ressenti) _____

parce que j'imagine que tu / j'ai l'impression que tu _____.

Quand (situation ou action) _____,

je me sens (ressenti) _____

parce que j'imagine que tu / j'ai l'impression que tu _____.

Exemple : Quand tu sors sans rien dire, je me sens désemparé, parce que j'ai l'impression que tu ne me trouves pas intéressant et que tu en as marre de moi...

• •

 Cet exercice a priori simple est difficile. Nous n'aimons pas partager nos fantasmes (car c'est bien de cela qu'il s'agit : de fantasmes paranoïdes). Pourtant, nous aurions bien besoin de vérifier auprès des autres nos intuitions ou certitudes. Nos projections paranoïdes ne sont en fait souvent que l'écho de nos idées négatives sur nous-même... Quels sont vos fantasmes paranoïdes ? Repérez-les et faites l'expérience de les exprimer.

• •

MAIN TENDUE

Lorsque quelqu'un vous blesse, qu'il s'agisse d'une petite méchanceté ou d'une grande trahison, plutôt que de le rayer de votre vie, peut-être pourriez-vous songer à vous réconcilier... Vous verrez, cela fait un bien fou !

Allez voir quelqu'un qui vous a fait du tort et tentez l'expérience de la réconciliation. Pour cela, suivez les étapes :

1 **Avant toute chose, posez-vous quelques minutes.**

Demandez-vous si vos sentiments sont appropriés et proportionnels à la situation (sinon, ce sont des réactions émotionnelles parasites à ne pas exprimer à la personne en question !)

2 **Exprimez vos sentiments.**

Dites-lui combien vous avez souffert devant son comportement et les raisons que vous imaginez pour son comportement (ex : « je me suis dit que tu ne m'aimais pas »).

3 **Donnez-lui la parole, vérifiez vos intuitions, vos conclusions.**

Son comportement était-il dirigé contre vous ?

4 **Si votre émotion était appropriée, obtenez que l'autre reconnaisse votre vécu.**

Pour que vous puissiez accorder de nouveau votre confiance, votre amitié, il est important, voire nécessaire, que l'autre reconnaisse la réalité de votre douleur.

5 **Demandez réparation.**

 La rancœur est faite d'une accumulation de non-dits. Pour s'en libérer, s'exprimer, parler sont nécessaires. Le ressentiment est un toxique qui empoisonne plus celui qui le porte que celui qui est à l'origine de l'offense. Il ne s'agit pas de passer l'éponge trop vite ou trop facilement, mais bien de vous libérer de votre colère pour pouvoir passer à autre chose. C'est possible, plus souvent qu'on ne le pense. Ne me croyez pas sur parole, faites l'expérience !

EXERCICE 3
COURS DE COLÈRE

Oui, vous avez bien lu le titre : nous allons vous apprendre à exprimer votre colère. Vous savez, cette émotion forte que l'on vous a toujours appris (contraint ?) à refouler… Car, contrairement aux idées reçues, la colère peut être saine, juste et nécessaire ; seul suffit de savoir comment la partager à qui de droit !

1 **Là encore, mettez-vous en situation, et entraînez-vous pour le jour où. Complétez la phrase suivante :**

Quand (énoncez précisément la situation, le comportement) _____

_____ , je (dites votre émotion) _____

parce que je (partagez vos attentes, vos besoins, les raisons de votre émotion) _____

_____

et je te demande de (quel est votre besoin actuel pour réparer la relation) _____

_____

de façon à ce que (fournissez une motivation à votre interlocuteur)_____

_____

Exemple : Quand tu me laisses seule à préparer le dîner, je me sens furieuse, parce que je m'attends à ce que nous partagions les tâches, et je te demande de mesurer ce que je ressens et à quel point ça peut être lourd pour moi d'avoir l'impression d'être seule à effectuer le travail de la maison, je serai alors plus proche de toi et me sentirai plus tendre.

2 **Attention à certaines erreurs qui neutraliseraient les bienfaits de cette technique. Voyons donc si vous pouvez les repérer :**

Évitez d'énoncer un jugement. Dans les phrases suivantes, une seule est la bonne ; entourez-la :

1. Tu es méchant avec moi.

2. Tu fais toujours ça.

3. Je me suis senti rejeté(e)/agressé(e).

4. Je me suis senti honteux.

Réponse p. 123

\# Ne confondez pas sentiment et pensée. Dans la phrase suivante, soulignez la petite preuve que la tournure n'est pas la bonne :

J'ai ressenti que je t'ai ennuyé...

\# Pourquoi la phrase suivante marque-t-elle une erreur d'intention ?

« Tu devrais être plus attentif aux autres, arrêter de penser à toi en priorité. »

_____

_____

_____

_____

Réponses p. 123

 La réaction saine, naturelle et normale devant une injustice est la colère. La laisser se manifester est essentiel pour avoir confiance en soi et en son jugement, pour devenir autonome. Elle est affirmation de sa personne. Pour ne pas dévier d'une colère saine, restez en contact avec vous-même et continuez de vous poser ces questions : Qui suis-je ? Qu'est-ce que je veux ? Quel est mon besoin ?

EXERCICE 4
LES JOLIES CHOSES

Après la réconciliation, nouvel exercice pratique. Savez-vous faire des compliments à votre entourage ? Pas de vagues petits mots à peine ressentis, mais de vrais compliments, avec le cœur et les formes... Sans rien attendre en retour, juste pour le plaisir de dire de jolies choses et de faire plaisir à l'autre.

Il est temps de vous entraîner et de pratiquer cet art subtil qu'est l'art du compliment. La prochaine fois que vous verrez un proche, un collègue de bureau ou même votre voisine, lancez-vous ! Vous verrez comme cela fait du bien... à l'autre... et à vous.

Contrairement à ce que l'on pourrait penser, un bon compliment ne commence pas par « Tu es... » qui déclenche un léger retrait de l'autre, une dénégation, parfois un subtil trouble ou n'est tout simplement pas entendu. Le bon compliment commence par « Je... ». Impliquez-vous dans vos réflexions. Plutôt que d'enfermer l'autre dans une définition, fut-elle positive, exprimez vos impressions, partagez vos émotions, parlez de vous en parlant à l'autre de lui-même.

EXERCICE 5
NON, C'EST NON !

Il est temps d'apprendre à refuser ! Oui, ça aussi vous pouvez l'exprimer. Cessez de vous pincer, vous ne rêvez pas. Pour découvrir l'art et la manière de refuser avec honnêteté, amabilité et fermeté, faites donc l'exercice : pour chaque situation évoquée, écrivez comment vous refuseriez, puis regardez la réponse proposée, et expliquez pourquoi la réponse proposée est une solution qui renforce à la fois votre identité et votre relation.

1 Situation : Depuis la naissance de votre bébé, vous et votre conjoint(e) êtes très fatigués ; votre belle-mère vous propose de s'installer chez vous quelques jours pour s'en occuper. Mais quelque chose vous dit que ce n'est pas une bonne idée.

\# Je refuse : _____

_____

_____

\# Cette réponse est utile parce que : _____

_____

_____

_____

_____

2 Situation : Votre patron vous demande d'annuler votre jour de RTT pour travailler sur un gros dossier. Mais le dossier n'est pas à 48 h près et vous avez un super projet week-end de trois jours que vous ne voulez rater pour rien au monde.

\# Je refuse : _____

_____

\# Cette réponse est utile parce que : _____

_____

_____

_____

_____

_____

_____

3 Situation : Avec un groupe d'amis, vous organisez l'anniversaire surprise de l'un des vôtres. Un gros événement qui implique plusieurs réunions régulières. Mais telles qu'elles se passent à chaque fois, vous n'en voyez pas l'intérêt, vous ne voulez donc pas y aller cette fois-ci.

\# Je refuse : _____

_____

\# Cette réponse est utile parce que : _____

_____

_____

_____

_____

_____

_____

Réponses p. 123

Il est difficile de ne pas argumenter, d'éviter les « je ne peux pas » qui disent une impuissance, d'inventer de faux prétextes ; difficile d'assumer dans son langage la responsabilité de ses comportements. Mais comme on se sent mieux ! Si vous savez exprimer votre refus, vous pourrez enfin dire vraiment oui. Ce ne seront plus des oui de soumission, de résignation impuissante, mais de vrais oui, de tout votre cœur. Mais attention, un bon refus doit oublier le « non » qui bloque toute communication.

EXERCICE 6
ÉMOI, ÉMOI, ÉMOI

Dernier exercice de notre séance, et un TP aux airs de challenge pour conclure. Dans le chapitre précédent, vous avez dû exprimer sur papier l'émotion forte qui vous prenait ; à présent, c'est à autrui que vous allez le faire !

Joie, peur, tristesse, dégoût, colère, surprise, honte (mais pas amour, le dernier chapitre y sera entièrement consacré !)... la prochaine fois que vous ressentirez une de ces émotions en présence ou en raison de quelqu'un, n'hésitez plus, exprimez-lui ! Montrez-le, dites-le, partagez-le... sans embarras ni excès. Soyez simplement vous-même.

Veillez cependant à prendre une précaution : vous assurer que cette personne est à ce moment-là en de bonnes dispositions pour recevoir votre émotion.

C'est fait ?
Comment cela s'est-il passé ? Qu'avez-vous ressenti ?

_____

_____

_____

_____

_____

_____

_____

_____

Même lorsque vous racontez votre journée à un proche, ne vous limitez pas aux faits bruts, racontez comment vous l'avez vécue émotionnellement. Une relation nourrissante est celle où l'on parle de ce que l'on ressent à l'intérieur, sinon elle se dessèche. Et ne pensez pas que cela n'intéressera pas votre interlocuteur; tous les humains sont friands d'émotions. Parler de soi, de son vécu, est toujours enrichissant pour l'autre.

MON BiLAN

Nos émotions sont le sel de la vie. Elles font les relations riches de sens et fertiles. N'ayez pas honte de vos émotions, partagez vos peines et vos joies, vos angoisses et vos déprimes, vos doutes et vos inquiétudes, vos rêves et vos cauchemars. En ne permettant pas à l'autre de pénétrer votre cœur, vous vous éloignez de lui.

Alors, avez-vous bien retenu la leçon ? Vérification :

1 **Avez-vous identifié vos fantasmes paranoïdes les plus profonds ? Citez-les :**

_____

_____

_____

_____

2 **Qui êtes-vous allé voir pour l'exercice de réconciliation ?** _____

Comment cela s'est-il passé pour vous ?

    # Comme une lettre à la poste   # Démarche impossible pour moi à ce jour

    # Plus facilement que je le pensais   # Pire que tout

    # Difficile mais libérateur   # Pas envie de répondre à la question

3 **Quelles sont les 3 questions à se poser pour ne pas dévier d'une colère saine ?**

_____

_____

_____

_____

4 **Quel est ce fameux verbe à ne pas oublier dans son rapport aux autres, proches ou inconnus ?**

_____

5 Par quoi commence un bon compliment et pourquoi ?

_____

_____

_____

_____

6 Dans la liste suivante, entourez les mauvaises tournures pour refuser :

\# Je ne veux pas

\# Je ne peux pas

\# Oui et...

\# Non, non et non

7 Complétez la phrase suivante : Parler de soi, de son vécu est _____

_____

_____

_____

_____

Et pour clore cette étape, apprenez cette phrase :

Partager ses émotions nourrit LA CONFIANCE

Réponses p. 123-124

séance 5

POUR ÊTRE ATTENTIF AUX AUTRES

À ce stade de votre cahier, vos propres émotions ont désormais bien moins de secrets pour vous : vous en appréhendez plus aisément les mécanismes, vous en comprenez la signification, vous en reconnaissez les effets, et vous en acceptez plus volontiers les manifestations. Vous avez compris que, loin d'être des adversaires à combattre, celles-ci peuvent être des alliées à choyer.

Il est donc temps de passer à une nouvelle étape où il ne sera plus question d'introspection mais de compréhension d'autrui. Oui, passons de votre nombril à celui de votre entourage ! Et tâchons de découvrir comment vous pouvez accompagner les autres sur la voie de l'écoute de leurs émotions. Car vous avez un rôle à jouer vis-à-vis de ceux qui croisent votre route ou font un bout de chemin avec vous, et c'est ce rôle dont vous allez apprendre la partition ici.

Les exercices qui suivent sont plus particulièrement centrés sur des émotions fortes telles que la colère ou la tristesse, car ce sont bien elles les plus difficiles à exprimer et/ou à canaliser. Savoir prêter l'oreille aux mots employés, savoir amener l'autre à ouvrir son cœur, savoir réagir quand la confidence arrive, savoir décrypter ses gestes ou ses non-dits, savoir répondre par l'empathie, y compris à l'agressivité… tout cela s'apprend, s'exerce, se maîtrise.

Se tourner vers les autres plutôt que de rester strictement centré sur soi-même, c'est là aussi toute la sagesse de l'intelligence du cœur. Allez hop, on y va !

Comment ÉCOUTER, DÉCODER, ACCOMPAGNER, soutenir les autres dans l'expression de leurs émotions ⟹

EXERCICE 1

DÉFAUTS DE COMMUNICATION

Le saviez-vous ? Lorsque quelqu'un tente de nous parler d'une émotion ou d'un problème, il nous arrive sans même nous en rendre compte de bloquer, orienter ou casser la relation, et d'empêcher ainsi la libre expression de l'autre. Oui, oui, vous aussi, gros malin, vous tombez dans le panneau plus souvent que vous le pensez ! C'est à ce sujet-là que le psychologue Thomas Gordon a spécifié douze barrages à la communication, douze façons de ne pas entendre, de ne pas répondre comme il le faudrait.

Saurez-vous remettre ces 12 barrages (1-12) avec les 12 phrases types (A-L) ?

1 Ordonner, commander, exiger ☐

2 Menacer, effrayer ☐

3 Moraliser, sermonner ☐

4 Conseiller, proposer des solutions ☐

5 Donner une leçon, fournir des faits ☐

6 Juger, critiquer, blâmer ☐

7 Féliciter, passer de la pommade ☐

8 Ridiculiser, donner des sobriquets ☐

9 Interpréter, analyser ☐

10 Rassurer, sympathiser ☐

11 Enquêter, questionner ☐

12 Éluder, faire diversion, traiter à la légère ☐

☐ **A** Si tu n'arrêtes pas, tu auras la fessée.

☐ **B** Pourquoi n'irais-tu pas jouer avec tes copains ?

☐ **C** Tu n'es pas attentif !

☐ **D** Va dans ta chambre.

☐ **E** Ce n'est rien, ça passera.

☐ **F** On ne coupe pas la parole à quelqu'un.

☐ **G** Tu devrais avoir honte.

☐ **H** Regarde comme il fait beau !

☐ **I** Pourquoi as-tu fait une chose pareille ?

☐ **J** Les livres sont faits pour être lus, pas jetés.

☐ **K** Tu es simplement jalouse de cette femme.

☐ **L** Toi, si gentil !

Réponses p. 124

Mais alors, que dire ? Rien ou du moins pas grand-chose. L'autre n'a besoin que d'écoute, d'un silence attentif et de présence dans le regard ; ou d'une écoute qui lui permette d'avancer dans sa tête, de se libérer du poids trop lourd de ses sentiments, de faire le tri dans son vécu, et peu à peu de trouver ses propres solutions. Respectez l'émotion qui est là. Simplement.

EXERCICE 2
PRINCIPE ACTIF

La meilleure façon de répondre au ressenti de l'autre, à ses doutes, à ses interrogations, à sa colère même, réside dans un principe que l'on nomme l'« écoute active ». Mais qu'est-ce que cela peut bien être ?

1 Donnez une définition de l'« écoute active » (tout clic sur le net, recherche dans le dictionnaire ou appel à un ami est autorisé) ; qui l'a théorisée ? qu'enseigne-t-elle ?

_____

_____

_____

_____

_____

_____

_____

_____

_____

_____

_____

Réponse p. 124

2 L'écoute active fonctionne donc avec le système des « phrases reflets ». À vous de vous y essayer : reformulez les phrases suivantes, à l'image de l'exemple donné.

Exemple – X dit : Je n'y arriverai jamais >> Y répond : Tu crains de ne pas réussir.

A X dit : Je suis grosse >> Y répond : _____

B X dit : Je te déteste >> Y répond : _____

C X dit : Je sais que je ne lui plairai pas >> Y répond : _____

D X dit : Ma vie n'a aucun sens >> Y répond : _____

• •

 Votre interlocuteur pleure ? Si vous précipitez avec un « pourquoi tu pleures ? », vous l'obligez à raconter des faits, à vous donner la raison de son émotion. Il ne la connaît pas toujours, mieux vaut donc rester prudent et commencer par lui permettre d'exprimer ses larmes, en l'accompagnant d'un « Tu es triste », « Tu as l'air bouleversé »… après, vous pourrez essayer de comprendre ensemble les raisons.

• •

EXERCICE 3
TU VEUX QU'ON EN PARLE ?

Face à la détresse de l'autre, certaines formulations sont plus appropriées que d'autres. Dans la liste suivante, entourez les formulations pertinentes à employer dans le cadre d'un échange avec quelqu'un qui exprime sa tristesse :

A Qu'est-ce qui te rend le plus triste ?

B Pourquoi as-tu fait ça ?

C De quoi as-tu besoin ?

D Qu'est-ce qui te fait penser à ça ?

E Pourquoi ne vas-tu pas là-bas ?

F Comment puis-je t'aider ?

G Pourquoi ne lui as-tu pas dit ?

H Pourquoi pleures-tu autant ?

Réponses p. 124

Nous sommes tentés de projeter nos propres expériences, nos propres émotions sur les expériences des autres. C'est à proscrire car cela nous amène à porter des jugements ou à imposer un comportement, une décision à l'autre, plutôt qu'à l'écouter. C'est à chacun de prendre des décisions sur sa propre vie. Apprendre à faire face à nos émotions nous aide à être capables de respecter le chemin de chacun.

EXERCICE 4

L'AUTRE C'EST MOI

Savoir écouter l'autre ne se fait pas uniquement avec ses oreilles, ses yeux et sa bouche… D'autres éléments sont en jeu. On appelle cela la « synchronie ». Mais qu'est-ce donc ? Pour le savoir, observez les illustrations ci-dessous :

1 X se confie à Y ; que remarquez-vous ? que comprenez-vous ainsi du principe de synchronie ?

_____

_____

_____

_____

_____

_____

_____

2 Dans le nouveau dessin ci-dessous, Y n'est pas représenté : à vous de le dessiner ! Comment doit-il être ?

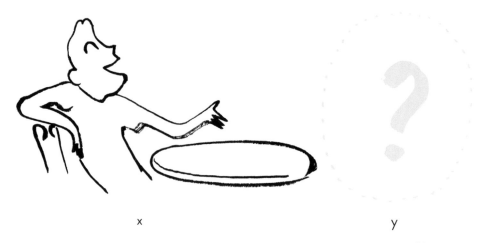

x   y

Réponses p. 124

· · · · ✦ · · · ✦ · · · ✦ · · · ✦ · · · ✦ · · · ✦ · · · ✦ · · · ✦ · · · ✦ · · ✦ · · ✦ ·

 Par la synchronie, on peut sentir ce que l'autre vit en lui, parce que les humains, dans les mêmes postures, ressentent les mêmes émotions. Écouter avec son cœur, c'est écouter avec son corps. Pour sentir ce qu'autrui vit, adoptez ses gestes, mimiques et postures, modulez la tonalité de votre voix. Ne soyez pas inquiet à l'idée de le mimer… il n'en sera que plus en confiance avec vous. Vous le comprendrez mieux et il le sentira.

· · · · ✦ · · · ✦ · · · ✦ · · · ✦ · · · ✦ · · · ✦ · · · ✦ · · · ✦ · · · ✦ · · ✦ · · ✦ ·

EXERCICE 5
EMPATHIQUEMENT VÔTRE

Savez-vous comment désamorcer l'agressivité d'autrui ? Une attitude peut s'avérer bien utile : l'empathie. Difficile dans le cadre d'un conflit ? Justement, il est temps de changer de braquet et de voir l'autre autrement. Pour mieux le comprendre, remplissez les trous dans le texte ci-dessous :

L'empathie demande de savoir _____ de son égocentrisme pour

se centrer sur le vécu d'_____. Se montrer empathique, c'est

ressentir sans _____ .

Dans tout ce qu'elle dit ou fait, une personne ne parle jamais que d'elle-même, de

ses _____ et de ses attentes. Plus ses formulations sont critiques,

voire injurieuses, plus elles signifient l'_____ de la détresse, du

malaise, du manque. Tant que ses sentiments ne sont pas _____ ,

une personne qui souffre continuera de les crier par des comportements inadaptés.

L'empathie serait de tenter de saisir le _____ de l'autre, de décoder ses

attitudes pour mieux le _____ .

Réponses p. 125

 C'est faire preuve d'intelligence émotionnelle que de savoir sortir des jeux de pouvoir, de ne plus chercher à gagner mais de mettre en œuvre toute notre sensibilité pour améliorer nos relations. Même si on n'a pas toujours envie d'écouter l'autre…

LES SERRURES DU CŒUR

Mettons le principe en application. Nous avons tous dans notre entourage des personnes réfractaires à ouvrir leur cœur... Comment les amener à se confier ? Voici donc quelques clés pour en venir à bout. Faites donc l'expérience avec un proche que vous voulez aider à s'exprimer :

ÉTAPE 1 : MISE EN CONDITION

Libérez-vous de tout jugement, faites le silence en vous.

Regardez la personne pour permettre à vos neurones miroirs d'identifier ce qu'elle vit et faire ainsi émerger l'empathie.

Respirez profondément.

Ressentez ce que l'autre éprouve.

Imaginez que vous tenez une vasque, dans laquelle la personne va déverser ses émotions, ses larmes ou sa colère, des mots de haine ou de désespoir...

Tout cela tombe dans la vasque que vous conservez mentalement devant vous – cela vous évite de prendre le tout en plein cœur et de trop réagir, ce qui stopperait la personne.

ÉTAPE 2 : AMORCE DE DISCUSSION

Enclenchez la discussion : « C'est dur pour toi... » ou « Tu es content... » etc.

L'autre se ferme ? Ne vous braquez pas, ne vous répétez pas, n'augmentez pas sa résistance. Centrez-vous sur son vécu et dites-lui ce que vous comprenez de son attitude : « Tu es touché par ce que je t'ai dit et tu ne sais pas comment répondre, c'est difficile pour toi de m'en parler... »/ Puis comment vous vous sentez quand il réagit ainsi : « Quand tu ne me réponds pas, je me sens triste et démuni, j'ai besoin de sentir le lien avec toi... »

Et silence... L'autre va parler. Laissez-le émerger de son état à son rythme. Et écoutez. Pour cela, pensez aux exercices précédents (écoute active, synchronie...).

Pensez à une porte... Certaines s'ouvrent en poussant, d'autres en tirant. Imaginez que vous ouvrez la porte en tirant vers vous ; du coup, vous vous retirez un peu pour faire de la place à l'ouverture de l'autre.

ÉTAPE 3 : DÉBRIEFING

Après cette première discussion, à froid, au calme, revenez sur le moment où la personne s'est braquée.

Abordez le sujet en disant : « Que vivais-tu pendant que tu ne disais rien ? », « Que te disais-tu en toi ? », « Comment puis-je t'aider dans ces moments-là ? »...

Demandez les clés pour ouvrir les portes qui peuvent se fermer automatiquement, malgré le désir de leur propriétaire de les maintenir ouvertes.

Nous ne sommes pas tout-puissants sur nos mécanismes psychiques ; il est irréaliste d'attendre des autres qu'ils ne se ferment plus. En revanche, des moyens sont à notre disposition pour faire évoluer les choses ensemble. L'empathie est la solution.

EXERCICE 7

SOUFFRIR AVEC...

Pas toujours évident, vous dites-vous, de comprendre autrui, de réagir avec empathie, d'accepter des comportements parfois à la limite de l'abus. Comment faire quand quelqu'un a manifestement décidé de vous en faire voir de toutes les couleurs ou de vous humilier ? Quand votre patron use un peu trop de son pouvoir, quand votre cousin vous a depuis toujours érigé en souffre-douleur, quand votre belle-sœur prend un malin plaisir à vous lancer des piques en continu...

Pourtant, là aussi, c'est justement en vous efforçant de poser sur l'autre un regard bienveillant que vous pourrez le mieux mettre à mal sa malice ou sa méchanceté. Cela s'appelle la compassion, cette attitude qui vous invite à regarder au-delà de l'image offerte par votre bourreau, à vous représenter et partager sa souffrance :

Qui donc vous agace, vous dévalorise ?

—   _____

—   _____

À présent, voyez en cette(ces) personne(s) le petit enfant qu'elle(s) est(sont) : le petit garçon malheureux, impuissant, qui ne trouve que ce moyen ridicule pour se revaloriser un peu ; la petite fille apeurée qui tente de se donner de la contenance...

Enfin, la prochaine fois que vous croiserez votre tourmenteur, regardez-le(la) comme cet enfant, avec toute la compassion dont vous pouvez faire preuve. Et observez donc le trouble qui naît dans son regard, dans son comportement.

La personne ainsi démasquée ne changera peut-être pas d'attitude dans l'immédiat, mais ne lâchez pas prise, gardez cette attitude, ce regard, ressentez sincèrement cette compassion. Au bout d'un certain temps, même si vous ne devenez pas amis, vous pourrez au moins savourer son respect... et la paix.

MESSAGE DE PAIX

Et qu'en est-il lorsque la colère de l'autre déborde et se mue en violence ? Comment réagir ? Lisez plutôt : « Ne te venge pas du méchant en lui répliquant de même ; au contraire, quelqu'un te donne-t-il un soufflet sur la joue droite, tends-lui encore l'autre (...)» Mt. 5, 39-41

Qu'est-ce que l'auteur cherche à nous dire ?

A Que le vrai courage est celui de résister à l'envie de vengeance pour confronter l'autre à sa responsabilité.

B Que lorsque quelqu'un est violent, il vaut mieux ne rien faire de trop téméraire et laisser passer, il finira bien par se calmer.

C Qu'après tout, une petite baffe ne fait pas de mal de temps en temps.

D Qu'en invitant l'autre à frapper à nouveau, on tente de faire confiance à ses parties justes et sensibles ; on leur donne ainsi une chance de se manifester.

Réponses p. 125

 En ne permettant pas à la violence de prendre place en vous, en observant le ressort violent agir en l'autre, vous lui permettez de se voir. Ce regard fait toute la différence. Quelqu'un qui agit violemment est prisonnier d'ingérables sentiments d'effroi, d'impuissance ou de haine. Pour faire cesser la violence, il suffit parfois de cesser d'alimenter ces sentiments. Attention, ce n'est pas une technique en soi, ce n'est pas d'une efficacité absolue, c'est un appel à la conscience de l'autre...

MON BILAN

Les émotions sont notre langage commun. Comprendre mieux les autres, privilégier l'empathie face à leurs besoins et à leurs sentiments, permet d'avoir moins peur d'autrui, de nous sentir plus proches, plus solidaires et de renforcer la coopération. Sortez des jeux de pouvoir, regardez autrui avec votre cœur, vous ne pourrez que jouir de meilleures relations.

Alors, avez-vous bien retenu la leçon ? Vérification :

1 Parmi les 12 barrages identifiés, quel est celui ou ceux que vous érigiez (jusqu'à présent, puisque désormais vous ne le faites plus, bien sûr !) ?

_____

2 Quels types de phrases l'écoute active invite-t-elle à employer ?

_____

_____

_____

3 Complétez le début de la phrase suivante :

_____ nous permet de devenir capables de respecter le chemin de chacun.

4 Hormis les postures et les gestes, quels sont les deux autres éléments importants à synchroniser avec celui qui se confie ?

_____

_____

_____

_____

5 Qu'est-ce que l'empathie demande de savoir faire ?

_____

_____

6 Comment s'est passé l'exercice d'empathie avec la personne de votre choix ?

La serrure a cédé en douceur

Loquet difficile mais ouverture réussie

Cadenas impossible à forcer

J'ai perdu les clés, j'ai laissé tombé

Je cherche encore comment crocheter le verrou

Pas envie, trop peur de l'alarme

7 Comment s'appelle l'attitude à avoir pour désamorcer malveillance et taquineries mal placées ?

_____

_____

_____

8 «Tendre l'autre joue », ça vous parle ?

Plutôt deux fois qu'une

Oui, mais je ferme les yeux et je prie

Puisqu'il le faut...

Où j'ai mis mon protège-gencives ? !

Essaye un peu pour voir !

Et pour clore cette étape, apprenez cette phrase du Mahatma Gandhi :

Œil pour œil
ne fera jamais que rendre
LE MONDE AVEUGLE

Réponses p. 125

séance 6

POUR VIVRE EN HARMONIE AVEC CEUX QU'ON AIME

V ous n'êtes plus très loin du bout du chemin à présent. Un dernier petit chapitre, et vous serez paré pour gambader en toute liberté dans la savane des émotions humaines ! Bien sûr, les nombreux exercices que vous avez faits dans ce cahier peuvent être – et pour certains, demandent à être – retravaillés, révisés, perfectionnés… Car si Rome ne s'est pas faite en un jour, la conscience de soi et des autres n'est pas non plus un défi qui se relève en un claquement de doigts. Nous vous donnons ici les clés, à vous d'en prendre soin et de ne pas les laisser rouiller.…

Bref, un ultime chapitre, donc ! Et pour clore les festivités en beauté, un travail un peu particulier. Cette séance, en effet, est dédiée à une émotion spécifique, et à ceux qui la reçoivent en priorité : l'amour… et ceux que vous aimez. Votre conjoint(e), vos enfants, ceux qui partagent votre vie au quotidien, se voient ici consacrer un chapitre entier, à même de vous aider les uns les autres à mieux communiquer, vivre en harmonie et savourer ensemble pleinement émois et sentiments.

Un grand cri de tendresse, donc, pour ces quelques exercices qui tâcheront de réveiller ou d'alimenter en vous la petite flamme, de vous amener à identifier et ressentir les sensations de l'amour, de vous permettre de donner à l'autre, aux autres, ce dont ils ont besoin pour s'épanouir, ce dont vous avez besoin en commun.

Tout, donc, pour vous donner à voir, à vivre, à partager cette émotion – et ces sentiments ! – dont le cœur est l'incarnation.

Comment ACCEPTER. EXPRIMER. MANIFESTER. PARTAGER. SAVOURER son amour et vivre pleinement avec ceux que l'on aime ⟹

EXERCICE 1
LA CHALEUR DE MON CŒUR

Qu'il n'y ait pas de confusion : l'amour/sentiment et l'amour/émotion sont liés mais sont deux choses bien distinctes. Alors, petite question, pour s'assurer que vous savez bien de quoi l'émotion est faite exactement !

Quelles sont les sensations déclenchées par l'amour/émotion ?

_____

_____

_____

_____

_____

Indice : Si vous n'êtes pas encore à l'aise avec cette émotion et ne savez pas spontanément ce que l'on ressent, regardez les dessins ci-dessous qui représentent l'une des sensations dominantes :

Réponses p. 125

 L'émotion d'amour est intense et déclenche des sensations physiques fortes, le cœur vibre, frémit, se pince… Le sentiment d'amour se construit jour après jour, il se nourrit de l'émotion mais ne se réduit pas à elle. L'émotion d'amour est déclenchée par un moment d'intimité, de vulnérabilité partagée ; elle est très présente au début d'une relation, pendant des retrouvailles ou à l'occasion de démonstrations, par l'autre, de gestes, de mots, d'attentions…

EXERCICE 2

HAUT ET FORT

Exprimer son amour, c'est donc à la fois déclarer le sentiment et faire vivre l'émotion. Lorsqu'on le dit, et lorsqu'on l'entend, on le ressent également. Mise en pratique :

1 **Ce soir, lancez-vous, dites « Je t'aime » à votre conjoint(e) ou à vos enfants. Ce n'est certes pas le même amour, mais l'un et l'autre demandent tout autant à être exprimés... Vous ne savez pas comment le dire ? Voici quelques conseils :**

Lâchez ce que vous êtes en train de faire (on oublie la vaisselle quelques minutes !)

Plongez votre regard dans le sien, respirez profondément dans votre bassin ;

Laissez vibrer en vous l'émotion d'amour ;

Puis, dites « Je t'aime » avec votre cœur, en l'éprouvant vraiment...

2 **Pendant ce moment intense, soyez à l'écoute de vos sensations : laissez l'émotion descendre dans tout votre corps ; puis quand la vibration monte, écoutez-la en vous, ressentez-la, la chaleur, les picotements, l'énergie... Savourez.**

Aide : Difficile pour vous de le dire ? Peut-être ne l'avez-vous pas assez entendu étant enfant ? Pensez-y... Quoi qu'il en soit, procédez alors par étapes : dites-le-vous d'abord à vous-même. Dans un premier temps, intérieurement. Puis faites-le devant un miroir, adressez-vous à votre reflet tous les matins ! Jusqu'à ce que ce soit facile. Et n'oubliez pas les variantes, comme « j'aime tes yeux, j'aime l'odeur de ta peau... », qui disent tout de même quelque chose. Jusqu'au « Je t'aime » tant attendu.

 À savoir : il n'y a pas de moment spécifique pour dire « je t'aime », mais c'est important de le dire souvent, voire même une fois par jour. Vous pouvez aussi le décliner : « j'aime vivre avec toi », « je me sens bien avec toi ». Parfois, le murmurer à l'oreille, en passant, pendant une activité (ici, la vaisselle est autorisée !). Et pour y répondre, éviter un « moi aussi » trop rapide qui renvoie la balle ; prendre alors soi-même le temps de le dire.

EXERCICE 3
DU CÔTÉ DE CHEZ JEAN

Dans combien de livres, de magazines et auprès de combien de coachs avez-vous déjà cherché la recette de la longévité d'une relation avec votre conjoint(e)? Et si la réponse se trouvait quelque part dans la nature... et dans une lointaine fable?

Dans les dessins ci-dessous, lequel peut donc être le fameux secret de l'amour éternel?

1.

2.

3.

4.

5.

Réponse p. 123

À savoir : les aptitudes à s'écouter, à apprendre l'un de l'autre, à résoudre les conflits, sont les ingrédients d'une relation saine. Aimer est un verbe actif ! Être en couple ne veut pas dire se confondre l'un dans l'autre, mais permet au contraire à chacun de devenir chaque jour davantage lui-même. Et ne craignez pas de vous montrer vulnérable : des scientifiques ont démontré que la vulnérabilité partagée augmente le sentiment d'amour !

EXERCICE 4

L'AMOUR, TOUJOURS... MAIS L'AMOUR DE L'AUTRE

« L'amour est une sollicitude active pour la vie et la croissance de qui nous aimons. Là où manque ce souci actif, il n'y a pas d'amour. » Erich Fromm

Qu'est-ce que l'auteur cherche à nous dire ? Entourez la réponse la plus juste :

A Qu'il faut bien grandir pour être aimé (vive la soupe !).

B Que l'amour se mesure par l'action.

C Qu'aimer l'autre c'est prendre soin de lui/elle.

D Que la vie est amour.

Ceci signifie une chose simple mais qu'il n'est pas un luxe de répéter ici… Au moment où nous frappons un enfant ou une femme, par exemple, on ne l'aime pas. Au moment où l'on blesse, humilie, trahit une personne, on ne l'aime pas. L'amour vrai est fait d'empathie et de partage, d'attention et de respect, d'intimité et de tendresse, de proximité affective et de gratitude. C'est bon de se le rappeler…

Réponses p. 123

EXERCICE 5
DONNANT–DONNANT

Savoir demander à l'autre une attention, un geste, un sourire, un égard, une initiative, et savoir entendre ses besoins similaires... voilà bien une chose importante dans un couple ! Mais on vous l'accorde, ce n'est pas toujours facile à faire. Alors, voici donc un exercice à réaliser avec votre conjoint(e) :

Chacun fait une liste de dix attentions qu'il aimerait que l'autre ait pour lui – dix des petites ou grandes attentions qui font la relation – et la confie à l'autre. Chaque jour, chacun tape où il veut dans la liste qui lui a été remise.

Ex : J'aimerais que tu me souries quand tu te réveilles le matin / J'aimerais que tu me masses les épaules et le dos / J'aimerais que tu prennes l'initiative d'un câlin, etc.

NB : vous pouvez essayer avec vos enfants ! Ceux qui savent écrire, bien entendu... Mais ne cédez pas à la tentation de la manipulation (oui, oui, vous en êtes bien capable !) : l'objectif est de créer davantage d'amour et d'intimité, pas de manipuler vos chers bambins pour qu'ils rangent leur chambre...

• •

 L'amour n'est pas fusion. Parce que l'autre n'a pas forcément les mêmes besoins, les mêmes envies, la même culture familiale que vous, il ne peut pas toujours tout devancer de vos désirs. Aussi, oubliez les « s'il m'aimait vraiment, il le ferait spontanément » et n'hésitez pas à faire des demandes claires. Mais attention : une vraie demande accepte de rencontrer le refus, cela ne peut être ni une injonction, ni une forme de chantage.

• •

MES 10 POINTS À MOI :

\# _____ \# _____

\# _____ \# _____

\# _____ \# _____

\# _____ \# _____

\# _____ \# _____

EXERCICE 6

CORPS ET ÂME

Savez-vous vraiment ce que vos enfants ressentent, vivent, perçoivent au jour le jour ? Vous rappelez-vous ce que vous ressentiez à leur âge, ce que cela faisait d'être dans la peau d'un petit homme ? Difficile de s'en souvenir, dites-vous ? Tentons l'expérience.

1 **Tout d'abord, êtes-vous proche de votre(vos) enfant(s) ?**

Fusionnels, toujours collés.

Très proches, souvent ensemble.

Assez proches, juste ce qu'il faut.

Sans plus, c'est compliqué.

Éloignés, c'est tendu.

Étrangers, c'est très difficile.

Je ne sais pas.

No comment.

1 **À présent, prenez du temps pour vivre un vrai moment avec votre(vos) enfant(s) et saisissez l'occasion pour vous mettre à sa(leur) place : regardez par ses(leurs) yeux, imaginez-vous dans son(leur) corps, bref, mettez-vous en empathie avec lui(eux). Un exercice à faire d'autant plus consciencieusement si vous ne prenez pas souvent du temps avec lui(eux) !**

• •

 Passer beaucoup de temps en dehors de la maison, s'investir dans des activités professionnelles ou extraprofessionnelles intenses peuvent être des stratégies d'évitement, une façon de ne pas se confronter aux besoins de sa famille. Et ceci pour ne pas sentir, ne pas réveiller des souvenirs, des expériences du passé, des émotions enfouies. Soyez attentif au vécu de vos enfants, vous pourriez bien avoir quelques surprises et révélations intérieures… en plus d'un grand bonheur.

• •

EXERCICE 7

À VOS MARQUES… PRÊT ? JOUEZ !

Savez-vous encore jouer ? Vous asseoir par terre auprès de votre enfant pour faire semblant d'être chez madame la marchande, à l'école ou au garage ? Courir, tournoyer autour des arbres, chanter à tue-tête dans la rue ou faire une bataille d'eau ? Vous vous dites que vous n'avez pas que ça à faire, que cela vous ennuie, que ce n'est plus de votre âge ? Allez, on se lâche un peu et on se lance…

Offrez-vous une séance de jeu avec votre(s) enfant(s). Oubliez tout, oubliez-vous, sa-vourez le plaisir de la fantaisie et de l'innocence. Et surtout, passez un précieux temps avec lui(eux). N'oubliez pas que cela passe vite...

 Donnez de l'attention à vos enfants, prenez ne serait-ce qu'une demi-heure par jour de jeux et de câlins . Prenez le temps d'être disponible. Souvenez-vous que les seules vraies urgences sont affectives. Une émotion doit avoir priorité sur le reste.

EXERCICE 8
LES BONS MOTS

Avec votre enfant, les mots sont importants, car chaque chose que vous dites résonne en lui et revêt une signification quant à ce que vous pensez de lui. Savez-vous donc trouver ces bons mots, ceux qui font toute la différence ? Pour chaque situation donnée ci-dessous, notez une réponse qui vous paraît inutile et une qui vous paraît utile :

1 Votre enfant veut jouer avec vous, mais vous êtes en train de lire vos mails :

_____

_____

2 Votre enfant a fait une bêtise (écrit sur les murs, traversé sans regarder...) :

_____

_____

3 Votre enfant, en plein apprentissage, tombe de vélo pour la troisième fois :

_____

_____

4 Votre enfant refuse d'aller dans sa chambre, il dit qu'un monstre l'y attend :

_____

_____

 Écoutez les besoins affectifs de votre enfant et répondez-y ; il a besoin d'avoir de l'importance à vos yeux, d'avoir la certitude qu'il ne sera pas rejeté, même s'il commet une erreur ; de se sentir apprécié, conforté par vos encouragements ; et de se sentir compris, écouté, quelle que soit sa façon d'exprimer ses troubles ou inquiétudes. Vous pourrez ainsi l'aider à développer sa confiance.

Réponse p. 123

EXERCICE 9
DONNE—MOI TA MAIN

Dire « je t'aime », jouer, parler, écouter son enfant sont des éléments essentiels pour son épanouissement dans sa relation avec ses parents. Mais il en est un autre que l'on a tendance à oublier et qui pourtant joue un rôle très important. Quel est-il ?

Observez les illustrations ci-dessous, et notez de quoi il s'agit :

Réponse p. 125

 L'affection passe par le contact physique. Les « Je t'aime » prononcés à distance n'ont pas le même impact. L'enfant a besoin de câlins, de caresses et de bisous au moins autant que de lait. Quand il se sent aimé en profondeur, quand il a sa dose de contact physique, il peut aller de l'avant, sans avoir besoin de défenses ou de protections outre mesure. Par ailleurs, au bout de 3 secondes, votre toucher déclenche la sécrétion d'ocytocine, l'hormone du bonheur, dans son corps et dans le vôtre ! Pourquoi s'en priver ?

MON BILAN

On passe trop de temps, quand on vit ensemble, à se chamailler pour des futilités ou à faire le ménage. On oublie de prendre le temps de s'aimer et de se le dire. Regarder son(sa) conjoint(e), prendre le temps de jouer avec ses enfants, faire attention aux sentiments et aux besoins de chacun, partager des émotions tendres, s'aimer ensemble en s'autorisant à être soi, voilà donc les clés d'une vie de couple et d'une vie familiale épanouies.

Alors, avez-vous bien retenu la leçon ? Vérification :

1 **À quels moments l'émotion d'amour est-elle très présente ?**

_____

_____

2 **Qu'avez-vous ressenti (sensations physiques) lorsque vous avez dit « Je t'aime » au cours de l'exercice ?**

_____

_____

3 **Comment nommeriez-vous votre relation amoureuse actuelle (ou passée si vous êtes célibataire) ?**

Passion destructrice   # Union (trop) libre

Amour et dépendance   # Tension permanente

Moi + Toi = Nous   # Panne de courant.

4 **Citez au moins trois ingrédients de l'amour vrai :**

_____

_____

5 **Complétez la phrase suivante : Une vraie demande accepte** _____

_____

_____

6 Qu'avez-vous ressenti au cours de l'exercice ? Cela a-t-il réveillé des choses en vous ?

_____

_____

7 À quoi avez-vous joué au cours de l'exercice ?

_____

_____

8 Quels sont les besoins fondamentaux de l'enfant ?

_____

_____

9 Complétez la phrase suivante : L'enfant a besoin de _____ , de _____ et de _____ , au moins autant que de _____ .

Et pour clore cette dernière étape, apprenez cette phrase :

L'AMOUR vrai c'est la capacité à vivre L'INTIMITÉ.

Réponses p. 125

Conclusion

OSEZ LA LIBERTÉ

Vous le savez désormais, se donner les moyens de comprendre et de gérer ses émotions, c'est s'ouvrir une porte vers la liberté.

Une liberté tout d'abord intérieure, puisqu'il s'agit de ne plus être esclave de ces forces intimes qui s'affairent en secret en votre for personnel. Vous les écoutez, vous les acceptez, vous les décryptez et voilà enfin que ces émotions, devenues amies, ne vous empoisonnent plus l'existence, ne vous perturbent plus, ni ne vous paralysent. Bien au contraire, les voici propices à vous guider, et vous accompagner dans la compréhension de vous-même, d'hier à aujourd'hui. « Connais-toi toi-même » : cette jolie ritournelle, qui résonnait dans les premières pages de ce cahier comme une chimère loin de votre portée, n'est probablement plus un rêve si difficile à réaliser… Même si ce n'est pas toujours évident d'écouter ses émotions, qui peuvent aussi réveiller des souffrances enfouies, déterrer de petites choses que vous aviez soigneusement – et souvent inconsciemment – rangées dans un tiroir, le jeu en vaut vraiment la chandelle. En vivant votre vie avec cœur, vous pourrez être le plus totalement possible celui que vous êtes, prendre votre place, avoir conscience de votre rôle dans l'univers et le jouer. Ne pas faire uniquement confiance à la fameuse « raison » dépouillée de tout affect, mais bien au contraire réconcilier ces deux pôles de sa personne, c'est bien le premier des enseignements de l'Intelligence du cœur. La première des clés pour devenir libre, ainsi, d'être vraiment soi.

Liberté intérieure, donc, mais aussi liberté sociale. Car être vraiment soi justement, c'est aussi décider de s'autodéterminer. Non plus de laisser les autres choisir qui l'on est, ce qui est bon ou non pour nous, ce qui doit être fait, mais bien d'en juger par soi-même, et de prendre la direction qui nous convient. Ni la société en général, ni votre communauté – famille, amis, collègues – en particulier n'ont plus le même ascendant sur vous à compter du jour où vous

vous écoutez. Et où vous vous faites confiance. L'entreprise n'est pas toujours évidente, d'autant que les émotions ont ce petit quelque chose de dérangeant, de voyant même, pour des sociétés par trop policées, qui ont souvent peur du cœur… L'image que vous pouvez renvoyer aux autres, en étant à l'écoute de vos émois, n'est par ailleurs pas forcément flatteuse pour eux – car elle leur rappelle qu'eux-mêmes n'y sont pas… Bref, l'individu conscient est toujours un peu marginalisé au début, et c'est peut-être d'autant plus vrai lorsque l'on touche à quelque chose d'aussi fort que les émotions. Mais justement, en apprenant à gérer les vôtres, vous apprenez également à écouter et accoucher celles des autres ; et la meilleure façon d'être compris, c'est bien de partager. Et la plus belle façon d'être libre, c'est bien d'être libre ensemble.

OSEZ L'ALTRUISME

Celui qui est autonome et émotionnellement mature se tourne naturellement vers autrui : il veut utiliser ses ressources pour incarner ses valeurs, mettre ses compétences propres au service de quelque chose qui a un sens. Il ne peut plus être indifférent au sort de son voisin, ne peut plus tolérer l'injustice, le cynisme ou la souffrance, ni surtout y participer. Peut-être vous sentez-vous encore loin de tout cela, vous qui avez ouvert ce cahier juste pour un peu mieux vous comprendre, ou même par simple curiosité, voire pour vous divertir. Mais plongez un peu au fond de vous-même : n'y a-t-il pas déjà, niché au fond de votre cœur, un petit quelque chose de différent, qui ne demande qu'à se développer ? N'est-ce pas tentant d'aller voir un peu plus profondément ce que cela peut donner d'être cet individu « émotionnellement mature » ? À présent que vous avez achevé ce cahier, vous avez en vous-même – et en cas d'oubli, vous pouvez toujours le rouvrir et vous y remettre ! – les clés d'une vie à la fois plus éveillée, plus indépendante, plus authentique, plus savoureuse, et plus généreuse. En poursuivant sur ce chemin, vous apprendrez à vous aimer et à vous respecter suffisamment pour le rendre aux autres. Et ne pas agir dans le sens contraire de votre estime de vous-même. La responsabilité, l'éthique, la conscience de la conséquence de vos actes, vis-à-vis des autres et du futur, prendront un sens et deviendront tout simplement des principes de vie.

Mais ça, c'est à vous, et à vous seul, de le choisir !

Réponses

EXERCICE 1 • D'UN QUOTIENT À L'AUTRE

2 Raison – Logique – Réflexion – Discernement – Esprit.

3 Le QI (Quotient Intellectuel).

4 Parce que l'intelligence n'est pas uniforme et unique ; elle est plurielle. La logique pure, la capacité à répondre à un test verbal et logico-mathématique tel que le test du QI, ne sont qu'un aspect des compétences nécessaires à un individu pour réussir à gérer sa vie et à évoluer en société. Pour réussir, le QI ne suffit pas. Ce qui fait la différence, ce sont non seulement nos compétences techniques, mais nos capacités à gérer nos affects et à communiquer.

EXERCICE 2 • LE CŒUR A SES RAISONS

A ≫ 3 ; B ≫ 2 ; C ≫ 1. En effet, l'intelligence émotionnelle est la capacité à saisir, cultiver et maîtriser les émotions ; l'intelligence relationnelle est la capacité à les montrer, les dire, les partager ; et l'intelligence du cœur est le mariage de ces deux dernières. Lorsque l'on maîtrise l'intelligence du cœur, on peut alors à la fois être véritablement soi-même et en bonne harmonie avec les autres.

EXERCICE 3 • ÉTAT AFFECTIF INTENSE

1 Du verbe « émouvoir », qui provient du latin e(x) = hors de – movere = mouvement.

2 L'e-motion est un mouvement vers le dehors, un élan qui naît à l'intérieur de soi et parle à l'entourage, une sensation qui nous dit qui nous sommes et nous met en relation avec le monde.

2 A ≫ 2 ; B ≫ 1 ; C ≫ 3. En effet, une émotion dure quelques secondes ou au maximum quelques minutes ; dès lors que celle-ci dure quelques heures, on parle alors d'une humeur ; et lorsque cela passe à quelques semaines, voire quelques mois, c'est un trouble affectif. En revanche, les sentiments s'inscrivent dans la durée.

EXERCICE 4 • FACE TO FACE

1 A ≫ Peur – B ≫ Tristesse – C ≫ Surprise – D ≫ Dégoût – E ≫ Colère – F ≫ Joie – G ≫ Honte – H ≫ Amour. Ce sont les huit émotions de base, présentes chez tous les humains, de toutes les cultures.

2 Exercez-vous à écouter, accepter, comprendre les émotions des autres, quelles qu'elles soient, de la colère à la joie ; veillez à ne pas nier, ni détourner le regard ou changer de sujet ; à ne pas juger ni tenter d'imposer vos vues, vos solutions, vos perceptions. Vous ne savez pas le faire ? Pas de panique ! Vous êtes justement là pour apprendre...

EXERCICE 5 • LE POURQUOI DU COMMENT

La surprise : événement inattendu

Le dégoût : quelque chose de répulsif aux organes sensoriels ou aux croyances et valeurs

La colère : frustration, intrusion dans notre territoire, voir ou vivre une injustice

La honte : humiliation, rejet ; éprouver, se dire ou faire quelque chose hors de nos valeurs, de notre morale personnelle.

EXERCICE 6 • SENS DESSUS DESSOUS

1 (peur) >> C ; 2 (joie) >> D ; 3 (tristesse) >> B ; 4 (amour) >> A

EXERCICE 7 • ETIQU-ÊTRE

Dire de soi « C'est parce que je suis comme ça... » n'explique rien mais rassure, telle est la fonction d'une étiquette ; c'est une raison, une définition de vous qui vous déresponsabilise en quelque sorte. Et cela vous évite de vous confronter trop directement à ce que vous ressentez, à ce qui fait peur. Au contraire, accepter de lâcher une étiquette peut réveiller beaucoup d'émotions.

EXERCICE 8 • LA STRATÉGIE DE L'ÉCHEC

1 >> N ; 2 >> Q ; 3 >> G ; 4 >> K ; 5 >> F ; 6 >> O ; 7 >> I ; 8 >> B ; 9 >> E ; 10 >> L ; 11 >> H ; 12 >> J ; 13 >> P ; 14 >> M ; 15 >> A ; 16 >> D ; 17 >> C ; 3 >> G ; 18 >> R

EXERCICE 10 • MOI ET LES AUTRES

Ce sont des actions de communication et, à ce titre, elles peuvent être maîtrisées par la connaissance de ce que l'on appelle la « grammaire des émotions » ; ce sont des compétences sociales qui peuvent être à la portée de chacun, dès lors que l'on sait comment gérer ses propres émotions et celles d'autrui.

BILAN

1 La capacité à gérer nos affects et à communiquer.

2 (Intelligence du cœur) = IE (Intelligence émotionnelle) + IR (Intelligence relationnelle).

③ Un souvenir, une pensée ou un événement extérieur.

④ La colère, la joie, la tristesse, le dégoût, la surprise, la peur, l'amour, la honte.

⑤ Cause d'une émotion.

⑥ Accélération cardiaque, sensation de froid/baisse température, poils dressés/chair de poule, bouche sèche, estomac serré, mains moites, sang dans les muscles des jambes, visage pâle.

⑧ devenir véritablement soi.

⑩ grammaire.

SÉANCE 3

EXERCICE 4 • AU VOLEUR !

Il s'agit du racket.

EXERCICE 5 • DO YOU REMEMBER

Il s'agit d'un élastique.

EXERCICE 9 • ÊTRE OU NE PAS ÊTRE

1 >> Je ne fais pas de sport ; **2** >> Je n'ai pas (assez) appris la musique ; **3** >> J'ai peur des autres/peur de prendre la parole ; **4** >> J'ai peur d'assumer cette responsabilité.

BILAN

② L'accepter, respirer dedans, la laisser se développer et couler en moi.

④ Le racket.

⑤ L'élastique.

⑥ De les partager.

⑦ Respiration et posture.

⑧ Créer.

SÉANCE 4

EXERCICE 3 • COURS DE COLÈRE

2 # Bonne réponse : 4. Mauvaises réponses : 1 : c'est une définition qui enferme l'autre dans un schéma ; 2 : c'est une généralisation ; 3 : c'est un jugement sur l'action de l'autre à votre égard.

QUE. Il ne suffit pas de dire « j'ai ressenti » pour exprimer un sentiment ; chaque fois que vous êtes tenté de mettre un « que » après «j'ai ressenti», vous exprimez une pensée, non une émotion.

C'est le signe que l'on souhaite changer l'autre. Vous n'avez pas le pouvoir sur la façon dont l'autre choisit de mener sa vie ; ses comportements le/la concernent. Mais vous pouvez veiller à ce qu'il n'empiète pas sur vos droits ou besoins ; vous pouvez changer la relation, pas la personne.

EXERCICE 5 • NON, C'EST NON !

1 # Je vous remercie vraiment pour cette proposition, je comprends que vous ayez très envie de nous soutenir et d'être à nos côtés ; et ce serait un réel soutien que vous nous prépariez plutôt quelques repas que nous pourrions décongeler rapidement ensuite.

Réponse : On se centre ici sur l'objectif de l'autre (vous aider) ; vous pouvez refuser la solution tout en acceptant l'objectif ; il vous suffit de proposer une alternative.

2 # Oui, je comprends que ce dossier soit important pour l'entreprise et demande du temps et de l'attention ; je m'y attelle lundi dès la première heure.

Une bonne façon de refuser est... de commencer par oui ! Vous répondez au besoin de l'autre sans sacrifier les vôtres, vous avez trouvé une solution gagnant-gagnant.

3 # Je n'ai pas envie de venir.

Vous prenez vos responsabilités, vous dites la vérité, vous exprimez votre ressenti. Vous aurez alors à fournir des explications, l'occasion d'inciter vos amis à améliorer ces réunions. Exprimer son ressenti permet de changer les choses autour de soi ; ne rien dire maintient le statu quo.

BILAN

3 Qui suis-je ? Qu'est-ce que je veux ? Quel est mon besoin ?

4 donner.

5 par « Je », pour s'impliquer ; et pour ne pas enfermer l'autre dans une définition.

6 je ne peux pas + Non, non et non.

7 toujours enrichissant pour l'autre.

SÉANCE 5

EXERCICE 1 • DÉFAUTS DE COMMUNICATION

1 >> D ; 2 >> A ; 3 >> F ; 4 >> B ; 5 >> J ; 6 >> C ; 7 >> L ; 8 >> G ; 9 >> K ; 10 >> E ; 11 >> I ; 12 >> H

EXERCICE 2 • PRINCIPE ACTIF

1 Mis au point par le docteur américain Thomas Gordon, ce concept implique d'entendre et reconnaître les sentiments et besoins de l'autre, et de les lui reformuler. Contrairement aux idées reçues, ce ne sont pas les faits qui sont importants, mais les sentiments qu'ils provoquent en nous.

2 A >> Tu ne te plais pas.

B >> Tu ressens de la colère envers moi.

C >> Tu te dis à l'avance que tu ne vas pas lui plaire.

D >> Tu te sens perdu en ce moment.

EXERCICE 3 • TU VEUX QU'ON EN PARLE ?

Les formulations pertinentes sont les A, C, D, F. Mieux vaut oublier les pourquoi et préférer des questions ouvertes, des approches plus empathiques…

EXERCICE 4 • L'AUTRE C'EST MOI

1 La synchronie implique de se mettre dans une posture proche de celle de son interlocuteur, en reproduisant ses gestes, mais aussi en parlant sur le même rythme et en calant sa respiration sur la sienne.

2 Ces deux derniers éléments ne peuvent être représentés en dessins bien sûr, mais vous pouviez donc dessiner Y adoptant plus ou moins la même posture que X.

EXERCICE 5 • EMPATHIQUEMENT VÔTRE

1/sortir ; 2/autrui ; 3/juger ; 4/besoins ; 5/importance ; 6/entendus ; 7/vécu ; 8/comprendre.

EXERCICE 8 • MESSAGE DE PAIX

A et D.

BILAN

2 des phrases reflets.

3 faire face à nos émotions.

4 la respiration et la voix.

5 sortir de son égocentrisme pour se centrer sur le vécu d'autrui.

6 la compassion.

SÉANCE 6

EXERCICE 1 • LA CHALEUR DE MON CŒUR

Sensation de chaleur dans le cœur ou au niveau du sternum, voire de brûlure parfois, de picotements. Par ailleurs, le sang afflue vers les joues et des larmes peuvent perler au coin des yeux.

EXERCICE 3 • HAUT ET FORT

1 Le roseau, celui qui plie mais ne rompt pas ! Pour qu'une relation s'inscrive dans la durée, en continuant d'être une source rafraîchissante et un lieu d'épanouissement mutuel, elle se doit de rester saine, fluide et tout à la fois solide et souple. Comme le roseau, sa souplesse fait sa solidité.

EXERCICE 4 • L'AMOUR TOUJOURS... C.

EXERCICE 8 •

1 Inutile : Pas maintenant, tu vois bien que je suis occupé !

Utile : J'ai aussi très envie de jouer avec toi ; je finis ce petit calcul et je suis à toi ; le reste des comptes peut attendre.

② Inutile : Tu es un sale garnement, mais qu'est-ce que j'ai fait au bon Dieu pour avoir un enfant pareil !

Utile : Il nous faut une éponge ! L'écriture, c'est sur du papier, pas sur les murs / J'ai eu peur, c'est dangereux...

③ Inutile : Qu'est-ce que tu es maladroit, fais attention où tu vas !

Utile : Oh, je crois que tu commences à fatiguer, c'est dur de faire attention à tout mais tu vas y arriver, je suis fier de toi.

④ Inutile : Tu sais bien que les monstres n'existent pas, ne fais pas le bébé

Utile : Tu n'aimes pas beaucoup être tout seul dans ta chambre, hein ! Viens, on va discuter un peu.

EXERCICE 9 • DONNE-MOI TA MAIN

Il s'agit du contact physique.

BILAN

① Au début d'une relation, pendant des retrouvailles ou à l'occasion d'une démonstration, par l'autre, de gestes, de mots, d'attentions. Elle est aussi déclenchée par un moment de vulnérabilité, d'intimité partagée.

④ Empathie, partage, attention, respect, intimité, tendresse, proximité affective, gratitude.

⑤ de rencontrer le refus, cela ne peut être ni une injonction, ni une forme de chantage.

⑥ se sentir exister, se sentir accepté, se sentir apprécié, se sentir compris.

⑨ 1. câlins ; 2. caresses ; 3. bisous ; 4. lait.